SMOKETIME

Für

Vera

KAPITÄN DIETRICH HEINZ

Smoketime

Geschichten von und neben der Seefahrt

Bibliografische Information der Deutschen Nationalbibliothek:
Die Deutsche Nationalbibliothek verzeichnet diese Publikation
in der Deutschen Nationalbibliografie; detaillierte bibliografische
Daten sind im Internet über http://dnb.dnb.de abrufbar.

© 2019 Dietrich Heinz
Satz, Umschlaggestaltung, Herstellung und Verlag:
BoD – Books on Demand, Norderstedt

ISBN: 978-3-7494-5999-5

Inhalt

Ein kurzes Vorwort

Die folgenden Geschichten sind nicht erdacht. Wo ich es für nötig fand, habe ich aber Schiffsnamen und die Namen der handelnden Personen geändert.

Ich beschreibe die Geschehnisse nicht immer chronologisch. Beim Schreiben der Geschichten stütze ich mich auf meine Erinnerungen, Tagebücher, Briefe an meine Frau und Berichte von mir an die Reedereien.

Der Titel dieser Geschichten bezieht sich auf die kleine Arbeitspause um zehn Uhr morgens, der Bootsmann schrie »Smoketime!«, man ließ den Pinsel oder Rosthammer fallen und eilte in die Messe. Dort rauchte man eine Zigarette und trank, je nach Klimazone, eine Mug Kaffee oder ein Glas Kujambel.

Das Kind

Geboren wurde ich um halb zwölf, am 29. Juni 1939 in Osnabrück, an einem Donnerstag. Der Namenstag war Peter und Paul. Mein Großvater Peter Hohn, der Vater meiner Mutter, hätte mir nach dem Willen meiner Großmutter seinen Namen vererben sollen. Es herrschten aber die Nazis und germanische Namen waren en vogue. So bekam ich standesamtlich den Namen Dietrich, einen Namen, den aber bis heute niemand nutzt. Dieter war kürzer, in der Schule wurde ich Didi genannt, und beim Sport rufen mich alle Dirk.

Ich war das Produkt einer sogenannten Mischehe, das Kind einer katholischen Mutter und eines evangelischen Vaters. In den Augen meiner katholischen Großeltern war mein Vater ein Heide. Meine Eltern hatten nur standesamtlich geheiratet, mein Vater in einer Wehrmachtsuniform.

20 Tage nach meiner Geburt, am 19. Juli 1939, einem Mittwoch, ließen meine Eltern mich für ein paar Stunden in der Obhut meiner katholischen Großmutter. Diese kurze Zeit nutzte sie, um meine Seele vor der ewigen Verdammnis zu retten. Sie schleppte mich zu der katholischen Kirche St. Johann und ließ mich dort katholisch taufen. Nach ihrer Rückkehr wurden meine Eltern nicht darüber informiert, es wäre auch gegen ihren Willen gewesen. Kurz darauf wurde mein Vater eingezogen und der 2. Weltkrieg begann. Erst nach seiner Rückkehr aus russischer Gefangenschaft, ich glaube 1948, wurde ich auf evangelisch umgepolt.

Wir wohnten in Osnabrück in der Wiesenbachstraße 2a. Bei einem Luftangriff wurde dieses Domizil in Schutt und Asche gelegt und wir wurden nach Bad Rothenfelde, einem Kurort am südlichen Rande des Teutoburger Waldes, evakuiert. Wir wohnten dort in der Bahnhofstraße 101. Der ehemalige Schweinestall, in einem Anbau des Hauses, wurde unsere Küche, zwei Räume im zweiten Stock wurden unsere Schlafzimmer, eines für uns Kinder, das andere für die Eltern. Wenn es regnete und wir im Freien nicht spielen konnten, verbrachten wir einen Teil der Zeit auf dem Dachboden. Dort wurden, nach der Ernte, auch weiße Bohnen getrocknet, auf die wir nicht treten durften. Außerdem machte ich dort auch die erste Bekanntschaft mit der Anatomie des anderen Geschlechts; zwei Mädchen, etwa so alt wie ich, also um die sechs Jahre, und im selben Haus wohnend, machten das möglich. Die jungen Damen lernten natürlich dabei auch etwas.

Mein erster Lehrer hieß Lindemann, ein kleiner, netter Mann mit einem Schnauzbart. Ab der zweiten Klasse hatte ich eine Lehrerin, Frau Pröschel. Sie war mit meiner Mutter befreundet, was mir aber nicht half, eher im Gegenteil.

Mein bester Freund in Bad Rothenfelde war ein großer schwarzer Hund. Er gehörte einem Busunternehmer, der in der Nähe wohnte. Er galt als gefährlich und war meistens an eine lange Laufleine gekettet. Ich war ein Einzelgänger und hatte kaum Freunde. Gab es mal Streit und ich fühlte mich unterlegen, flüchtete ich mich in den Bereich der Hundelaufleine. Dort traute sich niemand an mich heran. Alle hatten sie Angst vor dem zähnefletschenden Ungeheuer. Im Herbst verdiente ich mir ein paar Mark. Ich sammelte früh am Morgen Kastanien, verstaute sie in einem Bollerwagen und fuhr damit zu einer Sammelstelle der Gemeinde. Dort wurden sie gewogen und nach Gewicht bezahlt. Sie wurden wohl für die Winterfütterung des Wildes benötigt.

Die Ferien verbrachte ich oft bei meinen Großeltern Hohn, den Eltern meiner Mutter. Sie wohnten in Osnabrück, in der Sandstraße. Ich schlief dort in der Ritze, zwischen den Großeltern. Im Schlafzimmer hing ein Bild an der Wand, das ein großes Dreieck mit einem Strahlenkranz umgeben zeigte und Gott symbolisieren sollte. Ich lag auf der Ritze und wusste, dass Gott mich ständig im Auge hatte. Die Eltern meiner Großmutter lebten in den ersten Jahren auch noch. Sie hießen Cordes und hatten vor dem Krieg ein Kolonialwarengeschäft. An meinen Urgroßvater erinnere ich mich als einen alten Mann, ständig mit einer lang herunterhängenden Tabakspfeife im Mund und einem Käppi auf dem Kopf. Nicht weit entfernt vom Wohnort meiner Großeltern liegt Moskau. So heißt ein Freibad, in dem ich häufig zu Gast war. Neben dem Geld für den Eintritt gab mir meine Großmutter, wenn die Saison es zuließ, auch ein paar Äpfel aus dem eigenen großen Garten mit. Der Dame an der Kasse ließ ich die Wahl, Geld oder ein großer Apfel. Zu meiner Freude nahm sie meistens den Apfel.

Die Eltern meines Vaters wohnten ebenfalls in Osnabrück, »In der Barlage 91«. Dieser Großvater, Carl Eduard Heinz, trug einen Spitzbart und las ständig in der Bibel, jedenfalls soweit ich mich erinnere. Diese Bibel besitzen wir noch. Sie war total zerlesen und ich habe sie neu binden lassen. Er wurde 1863 in Kettenbach (Taunus) geboren und starb 1952 in Osnabrück. Er war Diakon. Seine Frau, meine Großmutter, wurde 1873 als Charlotte Elisabeth Enax geboren und starb 1953 in Osnabrück.

Die drei Brüder meiner Mutter, Eduard, der Älteste, Alfred, der Nächstjüngere, und Theo, der Jüngste, geboren 1924, 1927 und 1929 waren oft bei ihren Eltern zu Besuch, wenn auch ich dort war. Sie versuchten mich zu ärgern, wogegen ich mich heftig wehrte. Ein beliebtes Spiel war, mir mitzuteilen, über Bad

Rothenfelde werde in Kürze eine Brücke gebaut, und dann werde der Ort von oben zugeschissen.

1951 zogen wir nach Bremen. Hatte ich zuvor als Fahrschüler die Möser-Mittelschule in Osnabrück besucht, musste ich in Bremen erst einmal wieder auf die Grundschule, da man in Bremen erst ab der sechsten Klasse auf die höherführenden Schulzweige kam. In der Klasse herrschte keine Disziplin, jeder Schüler tat, was er wollte. Ich war völlig unterfordert und ließ mich gelangweilt total hängen. Wir wohnten im Stadtteil Walle, im Achelisweg Nr. 7, und die Schule lag direkt gegenüber, genau wie die Waller Kirche, in der ich konfirmiert wurde.

Nach einem halben Jahr kam ich auf die »Schule an der Helgoländer Straße«. Mein Lehrer hieß Heinrich Velewald, und ratet mal – er war mit meinen Eltern befreundet, was mir wiederum nicht half, eher im Gegenteil. Ich war kein sehr guter Schüler und die einzige »Eins« die ich im Zeugnis stehen hatte, war die in Sport.

Die erste Begegnung mit dem anderen Geschlecht, mal abgesehen von dem bloßen Hingucken auf dem Speicher in Bad Rothenfelde, hatte ich im Alter von zwölf Jahren. Uns gegenüber im Häuserblock wohnte eine Familie, die, nach damaligen Maßstäben, wohlhabend war. Sie bewohnten zwei nebeneinanderliegende Wohnungen. Einmal in der Woche wurde der Familie Eis für den Eisschrank geliefert. Ein Mann mit einem Lederschutz auf der Schulter trug das Stangeneis von seinem Lieferwagen zur Wohnung der Familie. Elektrische Kühlschränke gehörten erst etwas später zum Inventar einer Wohnung. Die Familie beschäftigte auch ein Dienstmädchen. Die junge Dame bewohnte ein Mansardenzimmer. Sie war, sagen wir mal, scharf auf Jungen. Nach Feierabend besuchten wir sie manchmal, fünf oder sechs Knaben auf einmal. Sie bot sich uns in ihrer ganzen nackten Pracht dar und ließ sich gerne von uns betatschen. Zu mehr reichte es bei uns damals noch nicht, wohl zum Glück für uns und die kleine Nymphe.

Ich erinnere mich an Banales. Eine meiner Tanten, die geschiedene Tante Lisbeth, war bei uns über Nacht zu Besuch. Ich besaß einen eigenen Trinkbecher, mit Micky-Maus-Dekor versehen. Am frühen Morgen ging ich ins Badezimmer und, wie fürchterlich, da lagen sie, die Zähne meiner Tante, in meinem Becher. Ich benutzte ihn nie wieder.

Ein Seemannsleben

Ich möchte einzelne Geschichten erzählen, nur teilweise chronologisch, mich dabei aber an Fakten halten, wobei ich, wenn ich es für angebracht halte, die Namen der handelnden Personen verändere oder nur mit den Initialen bezeichne. Ebenso habe ich die Namen der Schiffe manchmal verändert. Nicht verändert habe ich die kalendarischen Daten.

Ein kurzer Abriss über meine Zeit als Seemann:

Vom 9. Juli 1957 bis zum 8. September 1960 tat ich, als Decksjunge, Jungmann, Leichtmatrose und Matrose, Dienst auf Schiffen der Bremer Reederei »Neptun«. Die Schiffe hießen, der Reihe nach: »Hercules«, »Flora«, »Hector« und »Theseus«.

Vom 8. November 1960 bis zum 27. Dezember 1967 tat ich, als Matrose, Offiziersassistent, Vierter Offizier, Dritter Offizier und Zweiter Offizier, Dienst auf Schiffen des Norddeutschen Lloyds. Die Schiffe hießen, der Reihe nach: »Neckarstein«, »Siegstein«, »Travestein«, »Emsstein«, »Regenstein«, »Innstein«, »Travestein«, »Riederstein«, »Lindenstein« und »Weser Express«.

Unterbrochen wurde mein Dienst auf Schiffen des NDL durch den zweimaligen Besuch der Hochschule für Nautik in Bremen. Das Steuermannsexamen legte ich im Juni 1965 ab. Das Kapitänspatent bekam ich im Dezember 1968.

1969 besuchte ich die Marineschule in Flensburg-Mürwik. (Oberleutnant zur See der Reserve, später Kapitänleutnant.)

Nach dem Dienst auf der »Weser Express« wurde ich von der Reederei, für ein halbes Jahr, an Land eingesetzt. In Bremerhaven kontrollierte ich Container daraufhin, ob die Ladung in ihnen sicher verstaut war.

Während dieser Zeit las ich im Hamburger Abendblatt eine Anzeige. Eine Reederei aus dem Alten Land suchte für ein neues Schiff einen Kapitän mit dem Patent »Kapitän auf Großer Fahrt«. Ziemlich frech bewarb ich mich um diesen Posten, hatte ich doch noch nicht einmal als Erster Offizier gefahren. Ich war erstaunt, als man mich annahm. Ich kündigte meinen Job beim NDL zum 1. März 1970, vorher hatte ich aber ein Gespräch mit dem Leiter der nautischen Abteilung des NDL, Kapitän Lohmnitz, der mir zuriet, diesen Schritt zu tun, was sich auch darin ausdrückte, dass man in der Kündigungsbestätigung schrieb, ich könne bis zum 30. September 1970 wieder meine alte Position beim NDL bekommen, ein späteres Gesuch würde aber auch wohlwollend entgegengenommen.

Die nächsten Jahre, bis zum 29. Februar 1980, fuhr ich, als Kapitän, auf drei Schiffen eines Reeders aus dem Alten Land. Auf einem dieser Schiffe, das Schiff, für das man mich eingestellt hatte, war ich fast acht Jahre, natürlich unterbrochen von den Urlaubszeiten. Unterbrochen wurde diese Zeit auch, als ich für die Reederei im Sommer 1978 mit zwei Kollegen, einem Schiffsbauer und einem Maschineningenieur in Singapur die Bauaufsicht für ein neues Schiff der Reederei übernahm. Nennen wir das Schiff, auf dem ich so lange war, M/S »Gotland«. Die ersten Jahre war dieses Schiff im Liniendienst zwischen Göteborg und den portugiesischen Häfen Leixões und Lissabon eingesetzt. Ich hatte mich an Bord gut eingerichtet. Ich ließ eine Sauna und, nur für mich, eine Dunkelkammer einbauen. In der Steuerbord-Brückennock errichteten mir die Jungs aus der Maschine ein Reck für meine sportlichen Übungen. Göteborg war so etwas wie unser Heimathafen. Wir hatten sogar, vom Reeder gestiftet, ein kleines Auto an der Pier stehen. Die Liegezeiten in Göteborg betrugen circa eine Woche. Zweimal nahm ich in Göteborg an den Leichtathletikkämpfen für Seeleute teil. Es ging um Hochsprung, Weitsprung, 100-Meter-Lauf und Kugelstoßen. 1972 erlangte ich drei Goldmedaillen und eine Bronzemedaille. Die goldenen für den 100-Meter-Lauf, den Weitsprung und den Vierkampf, die Bronzemedaille für das Kugelstoßen. Im Jahr darauf gab es eine goldene für den 100-Meter-Lauf, eine Bronzemedaille für den Weitsprung und eine silberne für den Vierkampf. Ich war 30 Jahre jung, aber für die Besatzung war ich »der Alte«. Wenn ich nicht dabei war, nannte man mich den »Apokapitän«. Diesen Titel verdankte ich wohl teilweise dem in meiner Kabine hängenden großen Poster, welches Che Guevara zeigte.

Ich verdiente damals gutes Geld. Wenn ich darauf verzichtete, für das An- und Ablegen einen sonst obligatorischen Schlepper zu nehmen, gab es dafür Geld vom Charterer. Wenn ich darauf verzichtete, einen Seelotsen zu nehmen, gab es ebenfalls Geld vom Charterer. Den Hafenlotsen musste man nehmen. Der Seelotse, wollte man ihn nehmen, musste Stunden vorher bestellt werden. Als ich mich traute, zum ersten Mal ohne Seelotsen durch die Schären Göteborg anzusteuern, kam dicker Nebel auf. Wie im Blindflug, vor dem Radarschirm hockend, war ich heilfroh und erleichtert, als wir endlich den Hafenlotsen an Bord hatten. Als das Schiff fest am Kai war, schenkte ich mir erst einmal einen großen Kognak ein.

Auf diesem Schiff war ich nicht nur der Nautiker. Einen Funker gab es nicht, also betätigte ich mich als Sprechfunker und erledigte den gesamten Telegrammverkehr. Ich machte auch die Heuerabrechnungen für die Besatzung – mit sämtlichen Abzügen für das Finanzamt, den verschiedenen Steuerklassen entsprechend, den Krankenkassenbeiträgen und Abzügen für die Arbeitslosenversicherung. Ich kaufte selbständig den Proviant ein, dazu alle anderen Waren, die man auf einem Schiff benötigte. Ich verkaufte auch Kantinenwaren an die Crew, Bier, Spirituosen, Limonade und Tabakwaren und zahlte ihnen Vorschuss aus.

Wie es dazu kam, dass ich danach die Reederei wechselte, erzähle ich an anderer Stelle. Ab April 1980 bis August 1982 war ich Kapitän auf Schiffen einer jungen Hamburger Reederei, die ihre Schiffe hauptsächlich zwischen Mitteleuropa und Häfen der Levante einsetzte. Zeitweilig arbeitete ich auch als Repräsentant und Supercargo für diese Reederei. Leider ging diese Firma später in Konkurs. Einige Schiffe wurden nach Zypern ausgeflaggt und von einer Firma aus Limassol besetzt. Ich wurde sozusagen von denen übernommen und wurde auf Schiffen verschiedener Reeder in verschiedenen Fahrtgebieten eingesetzt. Hauptsächlich waren das, neben Europa, die USA, Kanada, Brasilien, Suriname, die Karibik, Französisch-Guayana, Westafrika, Reunion, Indien, Bangladesch, Singapur, China, Indonesien, Papua-Neuguinea und die Philippinen. Einmal hatte ich auch das Vergnügen, ein Schiff von Hamburg rund um Afrika nach Jakarta zu bringen. Die Namen der Schiffe zu nennen, wäre zu umständlich, denn manche führten, je nach Charterer, nacheinander bis zu drei verschiedene Namen. Bis zum Ende meiner seemännischen Laufbahn, im Mai 2001, blieb ich bei dieser Firma. Noch einmal während dieser Zeit machte ich eine Bauaufsicht. Das war vom 25. November 1996 bis zum 12. Februar 1997, in Stettin.

Vom 27. August 2003 bis zum 21. September 2003 machte ich meine letzte Reise auf einem Frachtschiff, dieses Mal nicht als Kapitän, sondern als Instrukteur, um einem neu eingestellten Kapitän zur Seite zu stehen.

Ich bin seit 1965 glücklich verheiratet. Meine Frau lernte ich im Hamburger Hafen kennen. Sie arbeitete beim Fernmeldeamt und besuchte in Hamburg die Fernmeldeschule der Bundespost. Norddeich Radio war dem Fernmeldeamt unterstellt und den jungen Leuten wurde geraten, sich einmal eine Funkstation auf einem Schiff anzusehen. Also machten sich zwei junge Damen auf den Weg in den Hafen. Der Zufall wollte es, dass ihre Wahl auf M/S »Emsstein« des NDL fiel. Als sie das Schiff erreichten, wollte es ein weiterer Zufall, dass ich an der Gangway stand, in eine Khakijacke gekleidet und mit einer feschen Mütze auf dem Kopf. Die Uniformjacke war ohne Streifen, da ich noch kein Offizier war, sondern nur den Dienstgrad eines Offiziersassistenten hatte.

Es war mir eine Ehre, den jungen Damen den Weg zur Funkbude zu zeigen. Der Funker erklärte ihnen die Funkanlage, Sender und Empfänger ausführlich. Danach zeigte ich den beiden Mädchen die Brücke und lud sie hinterher noch zu mir auf eine Limo ein. Sie nahmen an, zu zweit fühlten sie sich wohl sicher. Seeleute hatten so einen gewissen Ruf! Als sie mir gegenübersaßen, konnte ich meinen Blick kaum von einer der beiden wenden. Ich glaube, ich verliebte mich auf der Stelle in sie.

Als ich sie danach hinunter an die Gangway brachte, tat ich etwas, was man eigentlich nicht tut. Vielleicht hat gerade das sie mächtig beeindruckt, obwohl sie das auch heute noch entschieden abstreitet. Ich hatte meine Adresse auf einen kleinen Zettel geschrieben und ihn zusammengerollt. Als ich ihr an der Gangway die rechte Hand zum Abschied gab, schob ich ihr mit der linken den Zettel in den Ausschnitt und fing mir, oh Wunder, keine Ohrfeige ein. Verdient hätte ich sie. So fing alles an.

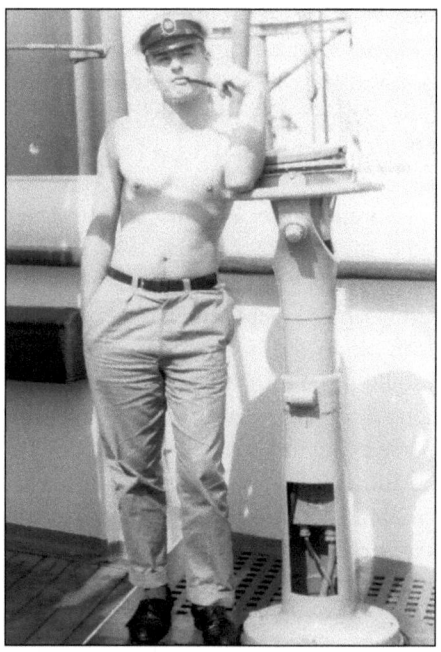

Der Offiziersassistent (OA)

Schulschiff und erstes Schiff

Die mittlere Reife hatte ich mit Ach und Krach geschafft. Der 16. März 1957 war der letzte Schultag. Statt fleißig zu lernen habe ich im Hafen Schichten geschoben, als Stauer oder als Schiffsreiniger (»Schietgäng«). Als Schiffsreiniger fegten wir nach dem Löschen der Ladung die Laderäume und klarten sie auf, räumten das Stauholz zu ordentlichen Stapeln zusammen und bereiteten die Laderäume so für eine neue Beladung vor. Einmal fanden wir unter einem Stapel Stauholz eine Kiste Bier, die zur Ladung gehört hatte und beim Löschen übersehen worden war. Neben der Arbeit machten wir uns, wir waren zu viert, über den Gerstensaft her und kamen nach der Schicht nur mühsam die steilen Leitern aus dem Laderaum hinauf. Besonders lukrativ waren die Spätschichten oder die an Sonntagen. Das System funktionierte sehr einfach. Etwa eine halbe Stunde vor Schichtbeginn versammelte man sich auf dem Hof einer Stauerei, ein Vorarbeiter rief, man benötige für MS »XYZ« so und so viele Leute, und man hob die Hand und wurde mit etwas Glück genommen. Mich nahm man immer, denn ich war jung, stark und zuverlässig.

»Schulschiff Deutschland«

Mit ein wenig Herzklopfen, aber viel Optimismus, betrat ich am 15. April 1957 die Gangway des Vollschiffes. Ein Vollschiff ist ein dreimastiger Segler, alle drei Masten haben Rahen. Mit einem Eifer, der mich damals wunderte, stürzte sich sofort ein Schiffsjunge auf meinen Koffer. Später verstand ich diesen Eifer, denn ich selbst legte ihn oft genug an den Tag, wenn einer der Offiziere oder der Bootsmann in der Nähe waren.

Zuerst wurde mir ein Spind zugewiesen, der mir furchtbar klein vorkam. Da viele Spinde leer standen und der Schlüssel meines Spindes für mehrere Spinde passte, hatte ich später drei Spinde, von denen aber nur einer offiziell war. Die Spinde wurden häufig kontrolliert, und so bewahrte ich Dinge, die man nicht haben durfte, zum Beispiel Schmöker, in einem der heimlichen Spinde auf. Ich packte also meine Klamotten ein und ging danach auf die Back, wo »die Neuen« sich versammelten. Von hier aus beobachteten wir »die Alten«, die schon einen oder zwei Monate an Bord waren, bei der Arbeit an Deck. Für uns begann der

Dienst an Deck erst nach zwei weiteren Tagen, als wir unsere Uniformen bekommen hatten, das heißt einen blauen Matrosenanzug und eine Pudelmütze.

Die »Schulschiff Deutschland« ist 86 Meter lang und 18 Meter breit. Der Großmast ist 52 Meter, der Vormast 50 Meter und der Kreuzmast 48 Meter hoch. Das Schiff wurde 1927 gebaut.

Am Tag nach der Ankunft wurde ich zum Kartoffelschälen eingeteilt. Ich trug beim Schälen meinen neuen Anzug, und der sah hinterher nicht mehr neu aus, was mir einen gewaltigen Rüffel vom Bootsmann Mau einbrachte.

Unser Alltag begann mit dem Wecken um sechs Uhr. Anschließend wurden die Hängematten, in denen wir geschlafen hatten, gezurrt und verstaut. Der große Raum im Bauch des Schiffes war gleichzeitig Schlafraum, Speisesaal und Unterrichtsraum. Danach traten wir zum Frühsport an. In Eile ging es zum Sportplatz, keine 20 Meter von der Gangway entfernt. Die Letzten wurden vom Erster Offizier Lessing in den Hintern getreten. Ein groteskes Bild: Der galoppierende Offizier Lessing, dem ein Arm fehlte und dessen einer Jackenärmel lustig flatterte, hinter dem Schwarm von manchmal 120 Jungen.

Nach dem Frühsport, der meistens aus Gymnastik und Bockspringen bestand, galt es, einen Platz im Waschraum zu erringen. Wie die wilde Jagd ging es zurück an Bord. Die Planken der Gangway knatterten unter den Füßen der Schiffsjungen. Nach der Körperpflege wurde gefrühstückt, meistens gab es Marmeladenbrote oder Milchsuppe.

Um acht Uhr traten wir an Deck an und die Flagge wurde gehisst. Danach »Meldung und Gesuche«. Damit hatte es Folgendes auf sich: Wir Jungens waren in drei »Divisionen« eingeteilt, in jeder dieser Divisionen à 40 Mann war ein Gruppenältester, und außerdem wurde in jeder der drei Gruppen ein Wachführer gewählt, dessen Aufgabe es war, die Wachen einzuteilen. Diese sechs Jungen hatten auch für Ruhe und Ordnung zu sorgen. Wurde man bei einem Fehlverhalten erwischt, so sagten sie kurz: »Morgen bei Meldung und Gesuche.« Der Sünder musste sich dann beim Antreten am nächsten Morgen beim 1. Offizier melden und empfing eine Strafe. Entweder »u. d. B.«, das hieß »unter der Back« und war der Befehl, alle Toiletten zu reinigen, die sich dort befanden. Oder man musste Strafwachen absolvieren, also auf Freizeit verzichten. Die härteste Strafe war »Urlaubsstopp«, das heißt, man durfte an den Wochenenden das Schiff nicht verlassen.

Nach »Meldung und Gesuche« hieß es »Backschafter und Funktionäre nach Backbord, die anderen nach Steuerbord«. Backschafter wurde jeder einmal, das waren die Jungen, die zum Auf- und Abbacken, zum Geschirrspülen, dem Fegen der Räume usw. eingeteilt waren. Funktionäre übten eine besondere Funktion an Bord aus, zum Beispiel als Verantwortliche für die Segelkoje, das Kabelgatt, die Tischlerei, die Farblast und die Kombüse. Die Funktionäre gingen nun an ihre Plätze, während die anderen Jungen verschiedene Arbeiten zugeteilt bekamen.

Um zehn Uhr wurde abermals zum Antreten gepfiffen. Danach, je nachdem, praktischer oder theoretischer Unterricht. Im ersten Monat gab es allerdings nur Theorie. Hatten wir praktisch, wanderte ich wieder in die Farblast, gab ein bisschen Farbe aus, und im Übrigen gehörte die meiste Zeit mir selbst. Den Job in der Farblast hatte ich mir so gesichert:

Ich war kaum ein paar Tage an Bord, als ich mich erkundigte, welche Funktionäre es am besten hatten. Der beste Job sei der in der Farblast, sagte man mir. Also ging ich zum Bootsmann und fragte ihn, ob ich in die Farblast könne. Er stimmte zu, und so begann an Bord für mich ein ziemlich faules Leben. Nur im ersten Monat musste ich ein wenig tun, weil ich der Dienstjüngste war. Doch die beiden anderen Jungen, Hein und Peter, waren prima Kerle. Wir drei verstanden uns gut. Meist lasen wir in Schmökern oder knobelten mit Streichhölzern, während die anderen das Deck schrubbten, Farbe wuschen, malten usw. Im zweiten Monat, als ein Platz frei wurde, da Hein inzwischen abgegangen war, lotste ich meinen ehemaligen Mitschüler Wolfgang Wittkuhn in die Farblast. Im dritten Monat war ich der »Herr der Farblast« und lag nur noch auf der faulen Haut. Es war auch zu gemütlich dort unten. Oft lagen wir alle drei auf dem mit dicken Säcken belegten Kettenkasten und lasen in unseren Schmökern. Einmal hatten wir Pech. Ich war an einer spannenden Stelle in meinem Western-Groschenroman angelangt, als oben in der Luke die Hosenbeine des Ersten Offiziers sichtbar wurden. Blitzschnell verschwanden drei Schmöker unter den Säcken und drei Jungs mühten sich verzweifelt, den Anschein von Arbeit zu erwecken. Trotz des fehlenden Arms gelang es dem Ersten Offizier erstaunlich schnell, die eiserne Leiter hinabzusteigen. Grinsend, die Schadenfreude ins Gesicht geschrieben, zog er drei Schmöker unter den Säcken hervor, klemmte sie sich unter die Achsel und verschwand wortlos nach oben. Merkwürdigerweise gab es keine Strafe, nur sahen wir die Hefte nicht wieder. Ich nehme an, der Erste Offizier hatte einen idealen Weg gefunden, sich mit Lesestoff zu versorgen.

Neben dieser Aufgabe war ich einer der wenigen, die Arbeiten in den Masten verrichten durften. Je schwieriger die Arbeit hoch oben in den Toppen war, umso besser.

Von 12 bis 14 Uhr und ab 17 Uhr hatten wir Freizeit, doch durften wir nicht an Land. Ich fand aber schnell einen Dreh, diese Regel für mich zu ändern. Der

Segelmacher, Herr Thielbar, hatte einen Hund, einen Irischen Terrier. Das Tier musste mehrere Male am Tag ausgeführt werden und dazu das Schiff verlassen. Kurz bevor der bisherige »Hundeausführer« seine Zeit an Bord voll hatte, ging ich zu Herrn Thielbar, lobte seinen Hund und erzählte beiläufig, viel von Hunden zu verstehen und zu Hause einen Schäferhund zu haben, was natürlich nicht stimmte. Prompt bot er mir an, der nächste »Hundeausführer« zu werden. Wir beide, der Hund Tobby und ich, hatten viel Spaß miteinander, außerdem ist so ein niedliches Kerlchen ein probates Mittel, in den Grünanlagen, nicht weit vom Liegeplatz des Schiffes (Bremen, Hohentorshafen), Damenbekanntschaften zu machen. Dieser Hund hatte die Eigenschaft, schwanzwedelnd auf jede Person zuzulaufen, die sich näherte. Schien mir diese Person geeignet, weil jung und weiblich, ließ ich das Hundchen einfach von der Leine. Das Weitere ergab sich dann aus meiner verbalen Geschicklichkeit.

Mein erstes Schiff

Der Lehrgang sollte drei Monate dauern, aber schon ein paar Tage vor Ende ging ich von Bord, die Reederei »Neptun«, bei der ich mich beworben hatte, brauchte dringend einen Decksjungen für ihr Schiff »Hercules«. Am 9. Juli 1957 musterte ich auf diesem Schiff an. Das Schiff war mit 2.225 BRT vermessen, ein Dreiinselschiff, mit dem Maschinenraum und der Brücke in der Mitte. Statt einer Hauptmaschine hatte man dem Schiff zwei U-Boot-Diesel eingebaut, die wohl noch vom Krieg stammten. Meine erste Reise führte uns nach Luleå in Schweden, einige Monate später ging es nach Westafrika.

Ich war in Bremen an Bord gegangen. Ich wohnte an Bord, zusammen mit dem Bootsmann, in einer Kabine; er schlief in der unteren, ich in der oberen Koje. Die erste Reise begann verheißungsvoll. Kurze Zeit nach dem Auslaufen aus dem Bremer Überseehafen (wo einmal dieses Hafenbecken war, befindet sich jetzt ein Großmarkt) fiel in der Nähe von Vegesack die Rudermaschine aus. Steuerlos bohrte sich das Schiff mit dem Steven in die rechts liegende Uferböschung. Zum Glück war der Untergrund nicht steinig, und als es dem Schiffelektriker gelungen war, die Rudermaschine in Ordnung zu bringen, gelang es dem Lotsen und dem Kapitän, das Schiff wieder in fahrbares Wasser zu bringen. Das Schiff hatte wohl kaum einen Schaden erlitten. Wir fuhren in Ballast, das heißt ohne Ladung, nach Luleå, in Nordschweden. Dort wurde Eisenerz, als Schüttgut, geladen. Gelöscht wurde das Erz in Lübeck. Diese Art Ladung ist naturgemäß sehr schwer, bedeckte nur einen Teil des unteren Laderaums, und machte das Schiff sehr steif. Das heißt, der Schwerpunkt lag sehr weit unten im Schiff. Daraus folgte eine kurze Rollperiode. Mit anderen Worten, im Seegang rollte das Schiff heftig, in nur einigen Sekunden, von der einen zu der anderen Seite.

Ich als »Moses« (Decksjunge) wurde zur Backschaft eingeteilt. Kapitän und Offiziere wohnten mittschiffs und hatten auch dort ihre Messe und den Salon für Kapitän, den Ersten Offizier und den Leitenden Ingenieur. Die Mannschafs-dienstgrade wohnten achtern und hatten auch dort ihre Messe. Die Kombüse lag mittschiffs. Mein Job als Backschafter war, das Essen von der Kombüse über das offene Deck nach achtern zu bringen, egal bei welchem Wetter und Seegang. Das erforderte, bei stürmischem Wind und hoher seitlicher See, manchmal artistische Fähigkeiten. Ich war auch für den Abwasch zuständig und auch für das Säubern der Räume achtern. War ich mit diesen Arbeiten nicht ausgelastet, ging es ans Messingputzen. Damals gab es auf den Schiffen sehr viel Messing. Alle Rahmen der Bullaugen und Fenster, alle Türgriffe und Beschläge und vieles mehr bestanden aus diesem Material. In der salzigen Seeluft bekamen sie schnell die Patina, die es zu beseitigen galt.

Die ersten Monate litt ich zudem stark an der Seekrankheit, damals waren die Seeleute ziemlich raue Burschen, auf Mitleid und Nachsicht durfte ich nicht hoffen. Erst als wir nach den stürmischen Wintermonaten im Pendelverkehr zwischen Luleå und Lübeck die Ostsee verließen und das Schiff in den Westafrika-Dienst eingesetzt wurde, ging es langsam mit mir aufwärts, die Seekrankheitszeit hatte ich hinter mir.

Der Bootsmann war ein strenger Vorgesetzter und mochte keine Weicheier. Wenn zum Beispiel das Schiff in einem Hafen lag und die Außenhaut entrostet und gemalt werden musste, geschah das oft von einem Floß aus. Es war üblich, morgens um zehn eine kleine Pause einzulegen. Da konnte man zu einer Zigarette eine Tasse Kaffee oder sogenanntes Kujambelwasser trinken. Kujambelwasser war stark verdünnter Fruchtsaft. Wenn es so weit war, dachte der Bootsmann auch an die Leute, meist waren sie zu zweit, auf dem Floß. Er schrie »Smoketime!«, warf einen Tampen über die Verschanzung und belegte ihn oben. Wer an ihm hochklettern konnte, hatte Glück gehabt. Wer nicht, dem blieb nichts weiter übrig, als auf dem Floß eine Zigarette zu rauchen.

Vom 01.06.1959 – 28.07.1966 als Leichtmatrose auf Afrikafahrt

Eine Äquatortaufe

Ich habe die folgende Geschichte am 30. März 1958 geschrieben. Ein paar Tage zuvor hatten wir den Äquator von Nord nach Süd überquert. Ich war noch »Moses«, etwas später, am 1. Mai 1958, wurde ich zum Jungmann befördert, was einem Lehrling im zweiten Lehrjahr entspricht. Das Schiff, MS »Hercules« der Bremer Reederei »Neptun«, befand sich an der westafrikanischen Küste. Damals ging es bei der Seefahrt sehr rau her; eine Äquatortaufe, so brutal wie damals üblich, wäre heute nicht mehr denkbar.

Der kleine Raum an Deck maß kaum fünf Quadratmeter, und es war höllisch heiß. Im Augenblick war der Raum eine Gefängniszelle, und ich der einzige Insasse. An den weißen Stahlwänden waren schmierige braune Handabdrücke. Sie stammten von Schwarzafrikanern und bestanden aus Schokolade. Zu einer Äquatortaufe gehören, nach altem Ritus, Afrikaner. Da wir an Bord und auf See keine echten Afrikaner aus der Äquatorgegend hatten, wurden drei weiße Jungs, die möglichst kräftig waren, mit Hilfe der Schokolade, die großzügig auf die Haut geschmiert wurde, zu Afrikanern gemacht. Ein Lendenschurz aus Kabelgarn vervollständigte das Bild.

Von draußen klang vielstimmiges Gejohle. Die ganze Besatzung, Offiziere und Mannschaft, hatte sich an Deck versammelt, nur die Wachgänger auf der Brücke und im Maschinenraum taten ihre Pflicht. Ursprünglich waren mit mir weitere 16 Jungen und Männer, die Ungetauften, im Deckshaus eingesperrt. Einen nach dem anderen hatten die »Neger« herausgezerrt, jetzt hatten sie Nummer 16 am Wickel. Den Leckerbissen, nämlich mich, hatten sie sich bis zum Schluss aufgespart. Die Schlussseiten eines Buches, zumindest eines Krimis, sind meistens die spannendsten, und mit mir, als Letztem, würde man es besonders spannend machen. Jedes Mal, wenn sie ein Opfer am Kragen packten und aus dem Deckshaus zogen, sagten sie zu mir: »Du bist der Letzte.« Diese besondere Ehre hatte ich mir redlich verdient, indem ich das Taufkomitee verärgert hatte, wo ich nur konnte. Sie würden es sich nicht nehmen lassen, die Waage wieder ins Gleichgewicht zu bringen.

Aus diesen friedlichen Gedanken wurde ich durch das Drehen des Schlüssels in der Tür von dem schmalen Holzsitz, auf dem ich hockte, hochgejagt. Ein »Afrikaner« stand in der Tür und bedeutete mir, mit einer vielverheißenden Handbewegung an den Hals, mit ihm zu kommen. Mir wurde eine schwere Eisenkette um den Hals gelegt. Ich hatte keine Wahl und folgte ihm. Sein mir zugewandter

Rücken hatte im Taufbecken schon mächtig viel Farbe verloren und glich eher einem unsymmetrischen Schachbrett als dem Rücken eines Afrikaners.

Das »Taufbecken«, das nun vor mir lag, bestand aus Segeltuch und war zwischen zwei Luken gespannt. Ich wurde vor die Täufer bugsiert. Neptun, der Herr der Meere, saß auf einem aus Kisten gebautem Thron. Er trug, von oben nach unten, eine Krone, einen mächtigen Bart, einen fetten Wanst und schmutzige Füße zur Schau. Er war die Inkarnation des Ersten Ingenieurs. Neben ihm saß Thetis, die Meeresgöttin. Sie wirkte betont weiblich, jedenfalls was ihre Perücke, den Unterrock und den prallvollen Büstenhalter anbelangte. Etwas weiter auf der Luke saß der »Pastor«, verkörpert durch den schielenden Zweiten Offizier Hasso J., hinter seinem Pult. Jedem der Täuflinge, die ja alle vor mir dran waren, hatte er eine kleine Rede gehalten, und nach jeder Rede hatte er seine Stimme mit Hochprozentigem geölt. Seine Augen hatten einen leicht glasigen Ausdruck, und seine Sehachsen waren so verbogen wie immer. Zu ihm wurde ich zuerst geschubst, und er hielt mir eine donnernde, durch gelegentliche »Hups« unterbrochene Predigt. Er blickte mit dem rechten Auge auf mich und mit dem linken auf den Ehrengast, den Kapitän, der Gott sei Dank den hervorgestammelten Blödsinn nicht auf sich bezog. Als ich die Schmähungen hinter mir hatte, wurde ich zu Thetis geschickt, der ich die schmutzigen Füße küssen musste, die man, so glaube ich, vorher mit Schmieröl eingerieben hatte.

Die nächste Station, zu der man mich drängte, war der »Arzt« mit seinen vier Gehilfen. Man könnte sagen, das war ein Höhepunkt der Veranstaltung. Bisher hatte ich brav mitgespielt, aber das änderte sich sehr schnell. Als Erstes beklopfte mich der Herr Doktor, mehr roh als sachkundig, von oben bis unten. Dann wurde ich genau und schmerzhaft untersucht; Einzelheiten zu nennen, erspare ich mir lieber. Er stellte eine Krankheit fest und versprach mir, mich von dieser auf der Stelle zu heilen. Er winkte seinen vier kräftigen Schergen. Sie packten mich und ich wurde der Länge nach auf eine Holzbank gelegt. Zwei klebten an meinen Füßen und zwei an meinen ausgestreckten Armen. Bisher hatte ich nicht versucht, mich zu wehren. Das änderte sich, als der gute Doktor nach einem großem Trichter und einem Kanister mit »Medizin« griff. Diese Medizin bestand aus Seewasser, Pfeffer, Currypuder, ein wenig Grütze und anderen von mir nicht zu identifizierenden Zutaten. Anscheinend wollte man nichts verkommen lassen und hatte den kleinen Rest von gut einem Liter aus dem 25-Liter-Kanister mir zugedacht. Man hielt mir die Nase zu und versuchte mir das Zeug mit Hilfe des Trichters einzuflößen. Ich zog die Beine etwas an und stieß sie dann mit voller Wucht von mir. Die beiden Gehilfen an meinen Beinen wurden überrascht und kollerten durcheinander. Da man meiner nicht Herr wurde, rief man die Afrikaner zur Hilfe herbei. Schnell bildete sich ein Knäuel aus einem Opfer und, mitgezählt den Arzt, sieben Tätern. Schließlich hatten sie mich fixiert, nachdem sie mich noch einmal hochlassen mussten, denn einer lag unter mir. Man begann, mir die üble Suppe einzuflößen, wegen der zugehaltenen Nase hatte ich keine Wahl und musste einiges des Schwedentrunks schlucken. Nach einer gefühlten Ewigkeit ließen sie es gut sein. Als Nächstes wurden mir »Tabletten« von der Größe einer Streichholzschachtel in den Mund gestopft. Sie waren dem Geschmack nach aus den gleichen Zutaten wie das Eingetrichterte hergestellt, nur konzentrierter. Mir gelang es, keine einzige zu schlucken. Ich konnte sie immer wieder herauswürgen. Als ich kurz vorm Kotzen war, ließen sie von mir ab und zerrten mich zum nächsten Ort auf der Via Dolorosa.

Ich hatte den »Frisör« zu besuchen, in dem ich eine Inkarnation des Elektrikers erkannte. Die vorhergegangene Behandlung hatte mir die Augen verkleistert, und so ließ ich mich, fast willenlos, von ihm in Behandlung nehmen. Ich wurde rasiert, die Rasierseife war ein übel riechendes, undefinierbares Gemisch, der Rasierpinsel entpuppte sich als Handfeger, mit groben Borsten. Das Rasiermesser bestand aus einem rauen Stück Holz und zerschrammte mir das Gesicht. Abwechselnd klopfte er mir damit einige Male liebevoll auf die Stirn. Zum Abschluss spritze er mir etwas Scharfes in den Mund.

Ich wurde gepackt und ins Taufbecken geworfen. Das Wasser hatte mittlerweile eine bräunliche Färbung angenommen, die »Neger« hatten tüchtig abgefärbt. Mit dem Kopf voraus war ich ins Becken geworfen worden. Als ich den Kopf über der Wasseroberfläche hatte, hörte ich den Ruf: »Alle hinterher, zwei sind zu wenig!« Sie hatten mein Verhalten beim Arzt noch in guter Erinnerung. Sie fielen über mich her und drückten mich immer wieder unter Wasser. Ich hatte keine Chance. Endlich rief ich, nachdem ich ordentlich Wasser geschluckt hatte: »Eine halbe Kiste!« Damit war Bier gemeint. Eine halbe Kiste Bier war der übliche Preis, den ein Moses zu zahlen hatte, Matrosen und andere, mehr verdienende Besatzungsmitglieder kamen nicht so billig davon. Das Bier wurde dann gemeinsam getrunken. Der Form halber wurde ich noch ein paarmal getaucht, dann ließ man von mir ab, und ich zog mich, völlig erschöpft, aus dem Becken, um dann vom Pastor meinen Namen entgegenzunehmen. »Der Alte«, so nannte man auf jedem Schiff den Kapitän, egal wie alt er war, saß auf seinem Stuhl und lachte. Als ich im Becken war, hatte er immer »Gebt es ihm, Jungs!« geschrien. Jetzt musste ich nur noch vor den Pastor treten, der mir verkündete, mein Name sei »Seekuh«. Das ist kein schöner Name, und zu verdanken hatte ich es ihm, dem schielendem Zweiten Offizier Hasso J., mit dem mich eine herzliche, gegenseitige Abneigung verband.

Zum Abschluss, so war es Sitte, bekamen der »Alte«, der Chief (Erster Ingenieur) und der Erste Offizier jeweils einen Tauforden vor die Brust gehängt, und es wurde dem erpressten Bier ordentlich zugesprochen.

Ein paar Jahre später, dieses Mal auf einem Schiff des NDL (Norddeutscher Lloyd), die Äquatortaufe hatte beim Überqueren des nullten Breitengrades von Nord nach Süd stattgefunden. Ich besaß den stolzen Rang eines Offiziersanwärters. Auf der Heimreise, bei der Überquerung der Linie von Süd nach Nord, zeigten wir, das heißt die Besatzung, ohne die Offiziere, einen Hang zur Originalität. Von der Brücke aus beobachtete der wachhabende Offizier erstaunt eine Prozession von dick vermummten Gestalten mit Pudelmütze und warmen Parkas, an den Händen dicke Handschuhe. Die Männer befanden sich auf dem Weg zu einem Laderaum, unter dessen unterstem Deck sich eine Kühlluke befand, die auf dieser Reise ohne Ladung war. Dabei hatten wir ein paar Flaschen Rum und heißes Wasser in großen Thermosflaschen. Der Kühlraum war auf circa minus zehn Grad Celsius runtergekühlt. Ein gewisser Kontrast zu der Außentemperatur von 36 Grad. Frohgemut mischten wir uns unseren steifen Grog. Steif heißt, dass wir mit dem Wasser sparsam umgingen. Der Zweite Offizier, vom besorgten Ersten Offizier zur Kontrolle in den Laderaum geschickt, bekam auch ein Glas eingeschenkt. Viel zu schnell waren die Rumflaschen leer. Beim Verlassen des Laderaumes wirkte die Außentemperatur wie ein Hammer, und die meisten von uns begaben sich auf schnellstem Weg zu ihren Kojen. Ich gehörte dazu. Meine Wache begann am nächsten Morgen um vier Uhr und als ich um 03:30 Uhr geweckt wurde steckte ich nach dem Aufstehen erst einmal meinen Kopf unter den Wasserhahn. Das half aber kaum. Ich hatte einen ausgewachsenen Kater und einmal mehr die Erfahrung gemacht, dass man für einen ordentlichen Spaß auch irgendwie die Rechnung begleichen muss.

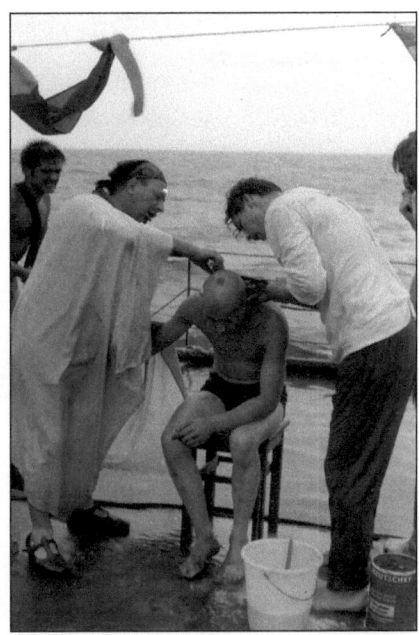

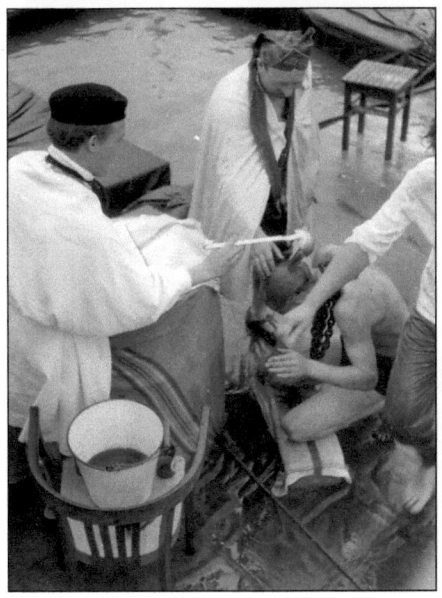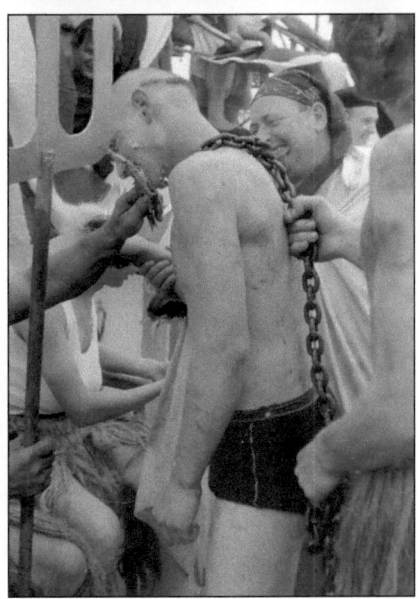

Der Schneemann

M/V »Hercules«, mein erstes Schiff. Wir waren, Anfang Januar des Jahres 1958, von Westafrika kommend im Hafen von Antwerpen angekommen. Schon beim Einlaufen stob der Schnee in dicken Flocken. Das weiße Gewirbel war so dicht, dass wir uns, wie bei Nebel, vorsichtig an die Pier herantasteten. Als wir endlich am Schelde-Kai fest waren, hatte der Schnee Lagerschuppen und Pier in einen weißen Mantel gehüllt, der gnädig den Schmutz und den Abfall menschlicher Betriebsamkeit verhüllte. Ein ziemlich seltenes Ereignis in diesem Strich Europas, der mehr durch Nebel, heftigen Wind und häufige Regenfälle gekennzeichnet ist.

Schnell die Gangway an Land. Das Ladungsarbeiten sollte erst am nächsten Tag erfolgen. Zu viert oder zu fünft tollten wir auf die Pier, wälzten uns im Schnee, johlten voller Übermut und bombardierten uns mit Schneebällen. Vor kurzer Zeit hatten wir noch die heiße Sonne Afrikas im Nacken gehabt, und nun Schnee, viel Schnee. Wir schubsten einander, stopften uns gegenseitig den weißen Segen in den Nacken, und einer war Opfer und wurde von uns anderen eingeseift.

Die tropenbraunen Gesichter röteten sich, und als der erste winterliche Überschwang verrauscht war, entschlossen wir uns, etwas im Kollektiv, nämlich einen schönen Schneemann, auf die Beine zu stellen. Gewohnt, Hand in Hand zu arbeiten, machten wir uns an die Konstruktion des kalten Kameraden.

Nach dem Lawinenprinzip wurden Schneebälle zu gewaltigen Körperteilen gerollt. Ein gigantischer Kopf wurde auf einen enormen Leib gewuchtet. Für den unteren Teil des Schneemenschen hatten wir uns der Stabilität wegen etwas ganz Besonderes ausgedacht. Doch davon später mehr. Der Rohling war schnell fertig, nun ging es ins Detail, in dem bekanntlich der Teufel drinsteckt. Der steckte aber bereits im Unterbau. Ich als Jüngster wurde an Bord geschickt und bat den Koch um zwei große Scheiben Blutwurst, die mir auch bereitwillig ausgehändigt wurden, als ich dem Smutje erklärte, wozu die Wurst bestimmt sei. Auch ein Segment Wassermelone und eine große Mohrrübe bekam ich mit auf meinen Weg zurück an Land. Die Blutwurstscheiben wurden dem kalten Kameraden als Augen eingesetzt, die Mohrrübe wurde zu seiner Säufernase und das Stück Melone wurde zu einem breiten Mund. Das Werk war vollendet, ein prachtvolles Exemplar seiner Art. Ein Prototyp, dem es nicht vergönnt sein sollte, in Serie zu gehen.

Stumm stand er im Schnee, steif und passiv, aus weichem Material, mit einem sozusagen harten Kern. Erschöpft vom Getolle im Schnee fielen wir an diesem Abend in unsere Kojen.

Der nächste Morgen war ein Geschenk des Himmels. Unsere Schöpfung hatte die frostklirrende Nacht ohne Schaden überstanden. Die Luft war klar und der Himmel so blau, wie ihn ein Hochsommertag kaum zustande bringt. Die Ladungsarbeiten sollten erst mit der zweiten Schicht am Nachmittag beginnen. In der Mittagspause, nach dem Essen, standen ein paar von uns an der Verschanzung und schauten hinunter auf die Pier. Dort standen ein paar Leute um den Schneemann herum und übten positive und negative Kritik an unserem Werk. Zu den Betrachtern gehörte der Schiffshändler, der sich soeben an Bord einen fetten Auftrag abgeholt hatte und nun, bevor er in seinen klapperigen Lieferwagen stieg, noch einen Blick auf unser Wunderwerk warf. Er gehörte eher zu den Kritikern, denen der Schneemann nicht gefiel, was er auch lautstark zum Ausdruck brachte. Nach seinen Ausführungen hatte er in seiner Jugend Schneemänner gebaut, die mindestens dreimal so groß waren wie unserer. Außerdem viel schöner und natürlich auch stabiler. Denn dieser hier, damit wies er verächtlich auf das schlanke Unterteil des Werkes, würde beim kleinsten Windhauch umkippen.

In diesem Moment war es, dass einem von uns der Teufel etwas ins Ohr flüsterte. Dieser so satanisch Inspirierte stieg die Gangway hinunter, machte ein nachdenkliches Gesicht und schob sich die speckige Mütze in den Nacken. »Hast recht«, sagte er zum Schiffshändler, »er ist misslungen. Wir haben ihn gebaut, aber er ist ja wohl wirklich etwas spinnerig im Unterbau.« Er schwieg einen Moment, kratzte sich ausgiebig am Ohr und fuhr dann fort: »Wir werden einen neuen bauen, dieser hier muss weg. Weißt du was? Steig in dein Auto und fahre die Missgeburt einfach um. Da machen wir ein prima Foto von, und du kriegst einen Abzug. Bunt natürlich.« Der Mann zögerte, doch da ihm kein Engel zur Verfügung stand wie unserem Kumpel das Teufelchen, erklärte er sich zur Untat bereit. Es wurde noch kurz gewartet, bis einer von uns mit einem Fotoapparat erschienen war. Er stieg ein, startete das Vehikel, der Schnee stob unter den Rädern, und dann krachte es verhalten, als das Auto gegen den Schneemann stieß und abrupt zum Halten kam, mitten im Schneemann, wie es schien. Doch der war nur leicht lädiert, das Vehikel aber trug eine dicke Beule davon. Wie konnte der Schiffshändler auch wissen, dass wir unser Werk über einem stabilen Eisenpoller errichtet hatten?

Ach ja, wenn ich mich recht erinnere, hat der Mensch auf das wirklich gestochen scharfe Foto verzichtet, aber waren die Preise des Schiffshändlers, für Proviant und andere Dinge, auf dieser Reise wirklich so außergewöhnlich hoch, wie der Kapitän gegenüber dem Salonsteward äußerte, oder war das bloß Einbildung?

Kleptomanie etc.

Meinen ersten Diebstahl beging ich als Moses auf meinem ersten Schiff, dem M/S »Hercules« im Sommer 1958. Das Schiff war auf der Reise von Europa nach Westafrika und hatte zwei Tage zuvor die Kanarischen Inseln passiert. Die Verpflegung an Bord war mies. Neben den warmen Mahlzeiten wurde ein Teil des Proviants wöchentlich zugeteilt, darunter Wurst, Käse, Konfitüre und andere Dinge. Jeder hatte einen verschließbaren Spind in der Messe, in dem das Zugeteilte aufbewahrt wurde. Diese Spinde waren natürlich nicht gekühlt, Klimaanlagen gab es auch nicht. Man kann sich leicht ausmalen, wie der Proviant nach ein paar Tagen in den Tropen aussah. Kulinarisches Highlight waren zwei Eier, gekocht, gebraten oder gerührt, am Sonntagmorgen. Was wir nie bekamen, war Kuchen.

Nun begab es sich, dass »Der Alte« Geburtstag hatte. Zu diesem wichtigen Anlass hatte der Bäcker am Vormittag eines lauen Tropentages eine Torte gebacken, belegt mit einer Art Buttercreme und Obst aus der Konservendose. Die fertige Torte legte er auf ein Bord, nahe dem Fenster. Die Torte sollte es, natürlich nur für die Offiziere und den Kapitän, am Nachmittag zum Kaffee geben. Gegen ein Uhr mittags verschloss der Koch die Kombüse, um seine Mittagspause anzutreten. Einer der Matrosen sah, als er an Deck an der Kombüse vorbeischlenderte, durch das Fenster die Torte liegen. Er und ein paar der anderen Matrosen schmiedeten einen diabolischen Plan. Ich als Dienstjüngster wurde mit der Ausführung betraut. Die Luft war rein, wer nicht im Dienst war, machte der tropischen Hitze wegen eine Siesta im Inneren des Schiffes oder an einem schattigem Plätzchen an Deck.

Ich machte mich also auf den Weg zum Objekt unserer kollektiven Begierde. Das Kombüsenfenster war nicht verschlossen, aber senkrechte Gitterstäbe vor dem Fenster sollten das Eindringen in diesen kulinarischen Tempel verhindern. Das Bord, auf dem die Torte stand, war ungefähr eine halbe Armlänge vom Fenster entfernt. Ich griff mit beiden Armen durch zwei benachbarte Stabreihen, drehte die Torte aus der waagerechten in die senkrechte Position (die Hände hatte ich mir vorher gewaschen) und bugsierte das Meisterstück des Konditorhandwerks vorsichtig aus dem Fenster. Nicht zu verhindern war dabei eine leichte Deformierung der Torte.

Mit dem Raub machte ich mich auf den Weg zu den Kameraden. Hinter einem Deckshaus zerteilte einer der Matrosen mit seinem Messer (jeder Seemann hatte ein Messer in einer Scheide am Hosengürtel befestigt) das Diebesgut in mundgerechte Segmente. Jeder bekam ein Stück und verschlang es, direkt aus der Hand, gierig auf der Stelle.

Als der Koch nach der wohlverdienten Mittagspause um 15 Uhr in sein Reich zurückkehrte, zusammen mit dem Salonsteward, dem er die Torte für den Kaffeetisch der Prominenz aushändigen wollte, konnte er wohl nicht glauben, was er sah oder, besser gesagt: nicht sah. Die Torte war weg! Es gab ein mächtiges Geschrei, der Erste Offizier wurde informiert, der wiederum überbrachte dem Kapitän die Hiobsbotschaft. Ohne Verzug wurde die Decksbesatzung in der Mannschaftsmesse versammelt. Der Erste Offizier, begann mit der Befragung, wobei er sich zuerst an den Bootsmann wandte. Der aber – er war nicht am Raub beteiligt – wusste wirklich von nichts und verwahrte sich auch gegen die Behauptung, einer seiner Jungs müsse der Täter sein. Wir, Täter und Profiteure, hielten natürlich den Mund. Das Corpus Delicti existierte nicht mehr, beweisen konnte man uns nichts, und nach einer Weile sah der Erste Offizier wohl ein, dass der Fall nicht zu lösen sei.

Wie uns später der Salonsteward berichtete, mussten sich die hohen Herren an der Geburtstagstafel des »Alten« zum Kaffee mit ein paar trockenen Keksen zufriedengeben.

Der zweite Diebstahl zeugte schon von einer höheren kriminellen Energie, und ereignete sich in Rotterdam. Im Sommer des Jahres 1960 arbeitete ich auf dem Motorschiff »Hector«, einem Schwesterschiff des M/S »Hercules«, als Leichtmatrose. Das Schiff kam aus Westafrika, ein Großteil der Ladung bestand aus »logs« (Stämme aus wertvollem Tropenholz). Am 1. Juni 1959 hatte ich angemustert, abgemustert habe ich am 28. Juni 1960, einen Tag vor meinem 21. Geburtstag. An Bord war ich somit, was damals üblich war, länger als ein Jahr.

Aber nun zurück zur Geschichte. Nach der Arbeit an Bord machten sich einige von uns, wir waren zu viert, landfein. Mit einer der vielen kleinen Fähren, ich glaube, man nannte sie Spido, fuhren wir zu dem Viertel der Stadt, das für sein buntes Nachtleben bekannt war. Wir zogen von Kneipe zu Kneipe, blieben mal vor einem der Schaufenster stehen, hinter dem leichtbekleidete Damen sich anboten, und landeten weit nach Mitternacht als letztem Anlaufpunkt in einer miesen Kneipe, um dort noch einen »Absacker« hinter die Binde zu gießen. Zu dieser späten Stunde waren wir die einzigen Gäste. Die Kneipe bestand aus einem relativ schmalen Schlauch. Hinter der sehr langen Theke stand ein dicker Wirt, aus einem Lautsprecher dröhnte laute Musik und die Eingangstür stand offen, wohl um die Rauchschwaden zu vertreiben, die von den letzten, kettenrauchenden Gästen hinterlassen worden waren. Tische gab es in diesem Etablissement nicht, also setzten wir uns an die Theke.

Wir hatten vorher schon reichlich gebechert, etliche »Pintjes« Heineken hatten wir, ab und zu begleitet von einem Genever, in die durstigen Kehlen gegossen. Geraucht wurde auch, so was wie Nichtraucher gab es unter uns nicht. Wir wollten bald aufbrechen, nur ein letztes Pils sollte es noch sein. Nun geschah es, dass ein kleiner Diebstahl einen größeren auslösen sollte. Einer von uns konnte es nicht lassen, der Alkohol hatte ihm wohl auch die Sinne getrübt. Er schüttete den stinkenden Inhalt eines Aschenbechers in einen anderen, den er sich von seinem Nachbarn herbeigezogen hatte. Den Aschenbecher verstaute er in einer Jackentasche. Dummerweise hatte der dicke Wirt den Diebstahl bemerkt und wurde böse. Der Sünder rückte den Aschenbecher wieder raus, aber das half nichts. Ein weiteres Bier wurde uns verweigert. »Zahlen, und dann raus mit euch allen!«, hieß es. Mir gefiel nicht, dass wir pauschal verurteilt wurden, aber alles Lamentieren half nichts, wir mussten den Laden verlassen. Durch die offene Tür hinaus an die laue Luft der Sommernacht.

Ich hatte einen ziemlich verrückten Plan, teilte den meinen Kumpels mit und erntete begeisterte Zustimmung. Sie entfernten sich lärmend vom Ort des Geschehens, hinter der nächsten Ecke würden sie auf mich warten. In der Kneipe, hinter den aufgereihten Barhockern, lag ein ziemlich langer Teppich oder eher ein Läufer mit buntem Muster in knalligen Farben. Er reichte von der Tür bis fast an die gegenüberliegende Schmalseite. Ich lugte vorsichtig durch die offene Tür in den Laden. Der Wirt stand mit dem Rücken zu mir hinter der hohen Theke und polierte Gläser, wobei er den Kopf rhythmisch zu den Takten der lauten Musik bewegte. Ich ließ mich auf die Knie hinab und kroch vorsichtig in den Eingang der Kneipe, den Barmann konnte ich nicht sehen, also schlussfolgerte ich, dass er mich auch nicht sehen konnte. Vorsichtig begann ich nun, den Läufer aufzurollen; hilfreich war, dass der aus einem nicht allzu dicken Material bestand. Wegen der Länge kam aber doch eine ziemlich dicke Rolle zustande. Die laute Musik übertönte jedes von mir verursachte Geräusch. Als ich fertig war, robbte ich vorsichtig rückwärts aus der Tür und dann ein gutes Stück zur Seite, heraus aus der Sichtachse des Mannes hinter der Theke. Die Kollegen hatten den Vorgang beobachtet, einer kam mir zu Hilfe zum Tragen der Beute.

Später an Bord zerteilten wir den Läufer in handliche Fußmatten. Jeder von uns vieren bekam eine, und es war auch genug Material da, um ein paar andere Kollegen zu versorgen. Zugegeben, besonders elegant sahen die Matten nicht aus.

Hier ging es mehr um das Symbolische; jedes Mal beim Fußabtreten erinnerten wir uns an den bösen Kneipier.

Die dritte kleine Geschichte über das Klauen, ein euphemistischer Ausdruck für Stehlen, spielte sich circa zweieinhalb Jahre später, am 9. Februar 1963 in St. John's, einem Hafen auf Neufundland, ab. Ich war, an Bord des M/S »Siegstein«, mittlerweile zum Offiziersassistenten aufgestiegen, und das auf eine kuriose Art und Weise.

Zuvor war ich, bis zum 28. September 1961, Matrose auf dem M/S »Neckarstein«, meinem ersten Schiff beim Norddeutschen Lloyd. Der folgende Urlaub war fast zu Ende, aber ein paar Tage hatte ich, wie ich dachte, noch vor mir, als ich telefonisch gebeten wurde, bei der Heuerstelle der Reederei im Bremer Überseehafen vorzusprechen. Eigentlich war es keine Bitte, sondern eine Order. Diese Heuerstelle befasste sich mit der Vermittlung von Mannschaftsdienstgraden auf die Schiffe der Reederei. Ich als Matrose gehörte auch dazu. Für die Personalplanung der Offiziersdienstgrade, aber auch der Offiziersassistenten, war die Zentrale der Reederei in Bremen, in der Gustav-Deetjen-Allee 2–6, zuständig. Jetzt befindet sich ein Hotel in diesem Gebäude. Ich machte mich also auf den Weg zur Heuerstelle. Dort teilte man mir mit, ich solle am nächsten Tag auf einem Schiff der Reederei, den Namen habe ich vergessen, für ein paar Tage als Urlaubsvertretung einspringen. Das passte mir nicht in den Kram, hatte ich doch für den nächsten Abend eine Verabredung mit einer entzückenden jungen Dame. Ich teilte dem Heuerbaas also mit, ich sei nicht bereit, auf meine restlichen Urlaubstage zu verzichten. Mir wurde gesagt, ich habe keine Wahl, ich müsse den Dienst antreten. Wie oft, wenn es um Liebesdinge geht, setzt der Verstand aus. Ich erwiderte also: »Ich habe sehr wohl eine Wahl, ich werde meinen Urlaub nicht abbrechen.« Es kam, wie es kommen musste, mir wurde höflich mitgeteilt, hiermit sei mein Dienst beim NDL beendet, meine Papiere könne ich in ein paar Tagen abholen. Mir war das ziemlich egal, Seeleute waren gesucht, ich hätte schnell einen neuen Arbeitsplatz finden können.

Etwa zwei Tage später bekam ich einen Brief von der Personalverwaltung der Nautischen Abteilung (Gustav-Deetjen-Allee), der Kapitän des M/S »Neckarstein« habe vorgeschlagen, mich zum Offiziersassistenten zu befördern, und als solcher möge ich meinen Dienst am 24. Oktober 1961 auf dem M/S »Siegstein« antreten. Zuvor solle ich mir noch auf Kosten der Reederei eine Khakiuniform und eine Schirmmütze bei der Firma Heinrich von der Aa abholen.

Ich machte mir keine weiteren Gedanken und tat, wie mir geheißen wurde;

das Treffen mit der Schönen am Vortag war sowieso enttäuschend gewesen. Ich trat also meinen Dienst auf dem Schiff im Hafen von Bremen an. Nun wollte es der böse Zufall, dass mir, kaum war ich an Bord, an Deck der Mann von der Heuerstelle entgegenkam. Er runzelte die Stirn, konnte mich im ersten Moment wohl nicht unterbringen, drehte sich dann um, ein ungläubiges Erstaunen im Gesicht, zitierte mich zu ihm, vergewisserte sich, dass ich derselbe sei, den er Tage zuvor gefeuert hatte, und drohte mir Konsequenzen an. Ich wurde noch am gleichen Tag zum Chef der Nautischen Abteilung, Kapitän Lohmnitz, zitiert. Er redete mir ins Gewissen, gab mir einige väterliche Ratschläge für mein zukünftiges Verhalten als (hoffentlich) zukünftiges Mitglied des Offizierskorps und entließ mich mit einer milden Ermahnung und, als ich ihm den Grund für mein Verhalten berichtet hatte, mit einem, wie mir schien, leichten Augenzwinkern.

Nun aber zurück zur Geschichte über das Klauen. War der gestohlene Läufer schon keine besonders tolle Beute, so war das, was ich in St. John's raubte, an Bord überhaupt nicht zu gebrauchen. Es geschah unter dem Einfluss von zu viel getrunkenem Bier und maßloser Selbstüberschätzung, und ging nur wegen einer großen Portion Glück nicht ins Auge.

Der 9. Februar des Jahres 1963 war in St. John's ein frostklirrender Tag, die Temperatur betrug am Abend minus 22 Grad Celsius. Das hielt uns nicht davon ab, am Abend nach getaner Arbeit dick vermummt eine Kneipe, nicht allzu weit vom Hafen entfernt, aufzusuchen. Der Laden, den Namen habe ich vergessen, war proppenvoll und von Tabakrauch geschwängert. Aus Lautsprechern dröhnte laute Countrymusic. Gegenüber der Eingangstür hing ein großer Fernsehapparat an der Wand. Auf dem Bildschirm wurde ein Eishockeyspiel übertagen, der dazugehörende Ton war wegen der lauten Musik nicht zu hören. Trotzdem schauten die meisten Gäste auf die Glotze. Wir waren zu dritt, saßen an der langen Bar auf Hockern nahe der Ausgangstür und bestellten einen Pitcher Bier nach dem anderen. Pitcher nennt man dort diese Krüge, die etwa 1,9 Liter fassen. Mit zunehmendem Bierkonsum stieg unsere Laune und mein rechter Nachbar, der Matrose Gerd M., bot mir eine schräge Wette an. »Ich stifte eine halbe Kiste Beck's Bier (12 Flaschen), wenn es dir gelingt, den Barhocker, auf dem du sitzt, zu klauen.« Ich überlegte eine Weile, ließ mir die Sache gründlich durch den Kopf gehen, soweit mein alkoholumnebeltes Hirn dazu noch in der Lage war, und erklärte mich schließlich zur Untat bereit. Wir hatten noch ein wenig Bier in den Gläsern, alles war bezahlt und wir wollten uns sowieso auf den Heimweg machen. Die Kollegen verließen die Kneipe. Ich saß auf dem letzten Hocker ganz in der Nähe der Tür, mein halbvolles Bierglas vor mir, und wartete geduldig.

Ich hatte bemerkt, dass beim Eishockey, wann immer der Puck in das, nach Meinung vieler Gäste, richtige Tor geriet, etliche der Sportsfreunde aufsprangen und jubelten, was ihnen die Aufmerksamkeit der anderen Gäste einbrachte Alle schauten sie auf den Bildschirm. Es passierte, was ich erwartet hatte. Als der nächste Jubel aufbrandete und niemand in meine Richtung schaute, auch nicht die zwei Leute hinter der Theke, ein älterer Mann und eine junge Frau, zog ich mir den Barhocker unter meinem Hintern hervor, klemmte mir das Sitzmöbel unter den Arm, öffnete die Tür und war schnell in der Nacht verschwunden. Die Freunde hatten nicht auf mich gewartet, dazu war es ihnen wohl zu kalt. Ich hievte mir die Beute auf die Schulter, vergewisserte mich mit einem Blick über die Schulter, dass mir niemand folgte, und machte mich auf den Weg zurück zum Schiff.

Die Kollegen, ein paar Minuten vor mir angekommen, hockten noch zusammen in der Kabine meines Wettpartners, jeder mit einer Flasche Bier versehen. Als sie mich erblickten, mit dem Barhocker unter dem Arm, erhob sich ein Triumphgeschrei. Auch ich bekam ein Bier in die Hand gedrückt, wobei ich mich natürlich auf den geklauten Hocker setzen musste. Im Übrigen war das die einzige Gelegenheit dass dieses Möbelstück an Bord jemals genutzt wurde. Ein unstabiler Barhocker ist auf einem Handelsschiff wohl das überflüssigste Stück Möbel, dieser verschwand nach dem Verlassen St. John's schnell in irgendeinem Store. Die von mir gewonnene halbe Kiste Bier vernichteten wir gemeinsam einige Tage später.

Die letzte, kleine Geschichte über das Klauen betraf nicht mich persönlich, und es ging auch nicht um das Aneignen fremden Eigentums. Trotzdem möchte ich den Vorgang unter Kleptomanie subsumieren. Es war ein Akt des Selbstschutzes. Ich war Matrose auf M/S »Neckarstein«, ein Schiff des Norddeutschen Lloyds. Die ruchlose Tat ereignete sich Ende November 1960, auf dem Weg von Bremerhaven nach Australien. Die unbeliebteste Tätigkeit der Decksbesatzung war die Beseitigung des Rostes unter Zuhilfenahme der sogenannten Rostmaschinen. Diese bestanden aus einem starken Elektromotor auf Rädern, einer langen flexiblen Welle, an deren unterem Ende eine Art faustgroßes Gebilde war, bestehend aus kurzen Eisenstangen, an denen aufgereiht eine Art Muttern locker aufgereiht waren. Eingeschaltet drehte sich dieser Teil sehr schnell und wurde mit beiden Händen über die rostigen Stellen geführt. Die Muttern lösten den Rost. Das verursachte einen Höllenlärm, die Luft war voller Staub und nach kurzer Zeit taten die Arme weh.

Der Bootsmann, ein Mensch aus Bayern, hatte einen leichten Hang zum Sadismus. Einen Tag vor Erreichen des Sueskanals, beim Frühstück in der Mannschaftsmesse, erwähnte er beiläufig, nach Passieren des Kanals, im Roten Meer, würden wir mit dem Entrosten des Hauptdecks durch die Rostmaschinen beginnen, und das würde uns wohl bis Australien beschäftigen. Weiter sagte er, diese Arbeit würde er seinen speziellen Favoriten aufhalsen, wobei er in die Runde schaute und fast jeder sich angesprochen fühlte. Den halben Tag über sahen wir den Elektriker an den drei vorhandenen Rostmaschinen werkeln, die er am Abend der Bequemlichkeit halber an Deck liegen ließ.

Am nächsten Morgen waren alle drei Maschinen verschwunden. Sie waren einfach weg, gestohlen von einem oder mehreren Tätern. Schnell war klar, dass Suchen nach ihnen nicht sehr erfolgreich sein würde. Es lag auf der Hand, dass die Foltermaschinen wohl inzwischen auf dem Grund des Meeres liegen würden. Sie waren weg und blieben weg. Appellieren an den oder die Täter, sich zu melden, fruchtete nicht, und auch die Drohung, in Australien die Polizei einzuschalten, zeigte keine Wirkung.

Wir alle waren dem Täter dankbar. Rost wurde im Verlaufe der Reise geklopft. Aber das geschah mit einem Rosthammer in der Hand, eine vergleichsweise leichte Arbeit.

Einige Jahre später traf ich zufällig einen Mannschaftskameraden von der »Neckarstein« wieder. Er kam mir in Bremen auf der Straße entgegen. Ich erkannte ihn auf den ersten Blick nicht, aber er sprach mich an. Gisbert, ein langer Kerl, der mich um einen halben Kopf überragte. Damals war er der Kleinste von uns gewesen, ein Decksjunge, den wir »Pipifax« nannten. Wir tranken zusammen ein Bier und dabei erwähnte er beiläufig, er sei damals der Täter gewesen, der uns alle von der Fronarbeit bewahrt hatte.

Eine beklemmende Begegnung

Weiter oben habe ich erzählt, auf welche Art und Weise ich Offiziersassistent wurde. Bis zum Besuch der Hochschule für Nautik fuhr ich mit diesem Dienstgrad auf verschiedenen Schiffen des NDL. Im Allgemeinen kam ich mit den Offizieren an Bord ganz gut aus. Eine Ausnahme war auf einem Schiff der Erste Offizier H. Meyer. Er versuchte, mich zu schikanieren, wo immer es ihm möglich war. Immerhin hatte ich ihm zu verdanken, dass ich sehr schnell gelernt hatte, mit dem Sextanten umzugehen und den Standort des Schiffes zu bestimmen. Ich ging zusammen mit ihm die 4–8-Wache, das heißt von morgens vier Uhr bis acht Uhr und am Nachmittag von 16 bis 20 Uhr. Wenn der Himmel nicht bedeckt war, wurden in der Morgendämmerung mit dem Sextanten einige Sterne »geschossen« und aus deren Höhe über dem Horizont die Position des Schiffes berechnet. Das Gleiche wurde in der Abenddämmerung gemacht. In der Dämmerung, weil man darauf angewiesen war, gleichzeitig die Sterne und den Horizont sehen zu können. Der Erste hatte weniger meine Bildung im Sinn, als er mir die Rechnerei beibrachte, als vielmehr ein gesundes Eigeninteresse. Er pflegte nämlich nicht um vier Uhr auf der Brücke zu erscheinen, sondern manchmal erst zwischen sechs und sieben Uhr. Er wusste, der Kapitän würde nicht vor acht Uhr auf der Brücke erscheinen. Dem wurde dann das Resultat der Standpunktberechnung vorgelegt, ohne zu erwähnen, von wem es stammte.

Jahre später, ich fuhr inzwischen als Kapitän auf M/S »Gotland«, lagen wir im Hafen von Göteborg. Ganz in der Nähe lag ein Schiff, auf dem ein ehemaliger Kommilitone von mir als Kapitän arbeitete. An einem schönen Vormittag besuchte ich ihn. In seiner Kabine schwärmten wir von den alten Zeiten und tranken ein kühles Bier. Es klopfte an der Tür und ein Mann trat herein. Ich sah ihn an und erschrak. Es war mein ehemaliger Erster Offizier Meyer. »Darf ich dir meinen Ersten Offizier Meyer vorstellen?«, sagte mein Kollege. Wir gaben uns die Hand, ich sah an seinem Blick, dass er mich erkannt hatte. Ich tat so, als ob ich ihn nicht kennen würde. Ich glaube, er war froh darüber, wusste aber wohl, dass auch ich ihn erkannt hatte. Als ich später darüber nachdachte, war meine Wut auf ihn verflogen, er tat mir nur noch leid.

Als er die Kabine verlassen hatte, sagte mein Kollege, dass er Probleme mit dem Alkoholgenuss habe. Später erfuhr ich, er sei kurze Zeit beim NDL als Kapitän gefahren, sei dann aber, warum auch immer, entlassen worden.

Die Kollision des M/S »Emsstein«
mit dem Tanker »Olympic Pearl«

Ich fuhr als Dritter Offizier auf dem M/S »Emsstein« des Norddeutschen Lloyds. Von Europa kommend waren wir auf dem Weg zu Häfen in den Großen Seen Amerikas. Der erste Hafen sollte Chicago sein. Am Abend des 6. Oktober 1966, einem Donnerstag, befand sich das Schiff auf dem St. Clair River, der Verbindung zwischen dem Lake St. Clair und dem Südufer des Huronsees. Der St. Clair ist etwa 64 Kilometer lang und bildet auf seiner ganzen Länge die Grenze der USA zu Kanada.

Ich war Wachoffizier und stand am Maschinentelegrafen auf der Brücke. Ebenfalls auf der Brücke waren der Mann am Ruder, ein Ausguck in der Brückennock, der Kapitän Prokesch (ein Österreicher mit dem Spitznamen »Anton Stramsack«) und ein kanadischer Lotse. Es war kurz vor 20 Uhr, der Himmel war wolkenlos und sternenklar, und ich freute mich darauf, in ein paar Minuten vom Ersten Offizier abgelöst zu werden.

An beiden Seiten des Flusses glitzerten unzählige Lichter. Wir waren dabei, einen »Laker« zu überholen, so heißen die typischen auf den Great Lakes verkehrenden Schiffe. Dafür hatte der Lotse mit dem Laker akustische Signale ausgetauscht und alles schien okay.

Während des Überholens sah ich plötzlich vorn an Backbord einen riesigen Schatten direkt auf uns zusteuern. Dann knallte es auch schon gewaltig und knirschte ohrenbetäubend. Der Bug eines großen Schiffes hatte sich vorn in unsere Backbord-Bordwand geschoben und ein Loch von über 30 Meter Länge gerissen. Die »Emsstein« war ein sogenanntes Dreiinselschiff, das heißt, vorn ist die erhöhte Back, in der Mitte die Brücke, darunter die Wohnräume, Messen, Küche etc. und darunter der Maschinenraum. Ganz achtern die erhöhte Poop. Das Loch in der Bordwand reichte vom Bug bis zu den Aufbauten in der Mitte. Dort war die Offiziersmesse total zerstört worden, in der zum Glück zu dieser Zeit niemand war. Ursprünglich sollte dort ein Skatabend stattfinden, der aber kurzfristig verschoben worden war.

Nach dem Aufprall lösten sich die Schiffe voneinander, aber das Vorschiff stand in hellen Flammen, die Ladung in Laderaum 1 war in Brand geraten. Das Schiff drehte nach Steuerbord und geriet bald darauf auf Grund, mittlerweile mit einer Schlagseite von circa 40 Grad nach Backbord, da Wasser in den vorderen

Laderaum und einen Teil des Maschinenraums gedrungen war. Die Entfernung bis zum rechten Ufer des kanadischen Ortes Sarnia betrug ungefähr 30 Meter. Sofort eilten einige Besatzungsmitglieder nach vorn und begannen, den Brand zu löschen. Alle verhielten sich diszipliniert, nirgendwo war Panik zu verspüren.

Das andere Schiff hatte mittlerweile im Fluss geankert. Es war der Massengutfrachter »Olympic Pearl« der Reederei Onassis. Wie sich später herausstellte, war etwas mit seinen Positionslampen nicht in Ordnung, worauf man offenbar von einem anderen Schiff aufmerksam gemacht worden war.

Mittlerweile war ein Feuerlöschboot erschienen und unterstützte uns beim Löschen des Brandes. Ebenfalls kam sehr bald ein Schiff der US Coast Guard, und da man befürchtete, die Schlagseite könne größer werden und das Schiff kentern, begann man damit, die Besatzung zu bergen. Als Erstes stiegen zwei Passagiere – zwei alte Damen – auf den USCG-Kutter. Die Crew folgte. Zuletzt waren noch der Kapitän und ich auf der Brücke. Der Kapitän weigerte sich zuerst, das Schiff zu verlassen. Erst als ich sagte, ich bliebe dann auch, war er – um nicht auch mein Leben zu gefährden – bereit, das Schiff zu verlassen. Wir waren nun alle auf dem Schiff der USCG. Eine Szene fällt mir noch ein. Ich musste mal kurz das Pissoir aufsuchen. Es handelte sich um einen größeren Raum, an der einen Wand waren offene Toiletten, nur durch unten offene Seitenwände getrennt, und auf einem dieser WCs saß unser Kapitän, flankiert von zwei US-Matrosen.

Da unser Schiff auf der kanadischen Seite des Flusses lag, stiegen wir alle vom USCG-Kutter auf ein Schiff der kanadischen Coast Guard um. Wir wurden an Land gesetzt, und noch in den frühen Morgenstunden wurden der Kapitän und die neun Offiziere der »Emsstein« im Motel »Guildwood Inn« untergebracht. Die anderen 20 Besatzungsmitglieder brachte man ins »Vendome Hotel«.

Am Morgen nach dem Unglück wurde darüber in der Presse breit berichtet. Auch im deutschen Fernsehen wurde das verunglückte Schiff gezeigt und der Vorfall ausführlich geschildert. Zum Glück hatte die Reederei bei allen Angehörigen angerufen und erklärt, dass kein Besatzungsmitglied verletzt worden sei.

Wie ging es weiter? Fast alle Besatzungsmitglieder flogen nach Deutschland. Eine Handvoll Leute blieb vor Ort, darunter auch ich. Es wurde ein großes Motorboot gechartert und es war unsere Aufgabe, das Schiff zu bewachen. Ich leitete die Nachtwache von abends acht Uhr bis zum Morgen um acht Uhr. Die anderen zwölf Stunden hatte der Zweite Offizier Dienst. Es gab eine Menge Andenkenjäger, die mit Motorbooten längsseits des Schiffes gingen und versuchten, alles Mögliche vom Schiff zu stehlen. Das haben wir mit Erfolg verhindert.

Eine Firma wurde damit beauftragt, das Leck im Schiff notdürftig zu reparieren und das Wasser aus dem Schiff zu pumpen. Am 6. Oktober schwamm das Schiff wieder auf ebenem Kiel und wurde zu einer Werft in Quebec gebracht, um dort das Schiff so weit zu reparieren, dass eine Überquerung des Atlantiks ohne Risiko möglich war. Ich flog über Weihnachten nach Hause, machte einen kurzen Urlaub und wurde im neuen Jahr zurück nach Quebec geflogen, um ein Teil der Besatzung zu sein, die das Schiff zurück nach Deutschland brachte.

Schmuggel

Ein wenig Schmuggel gehörte in der Schifffahrt schon immer zu den lässlichen Sünden. Meistens ging es um Alkohol und Zigaretten, in einem besonderen Fall auch um Pornografie in Form von Filmen und Magazinen. Besonders der Schmuggel von Alkohol in Länder, in denen dieses Rauschmittel besonders teuer ist oder der Kauf manchmal auch mit Schwierigkeiten verbunden ist, wie zum Beispiel in Schweden, lohnte sich.

1974 war ich Kapitän auf MS »Gotland«. Das Schiff war im Liniendienst für eine schwedische Reederei zwischen den schwedischen Häfen Göteborg und Halmstadt und den portugiesischen Häfen Leixões und Lissabon beschäftigt. Alkohol, in Form von Spirituosen, wird in Schweden nur in staatlichen Läden, sie heißen Systembolaget, verkauft und ist teuer. Laut dem festen Fahrplan kamen wir fast immer an einem Sonntagabend in Göteborg an. Normalerweise kommt der Zoll direkt nach dem Einlaufen eines Schiffes an Bord und versiegelt den Raum, in dem Alkohol und Zigaretten für den Verkauf an die Besatzung aufbewahrt werden. Aber sonntagabends kam der Zoll nicht, sie kamen immer erst am Montagmorgen. Dafür kamen direkt, nachdem das Schiff im Hafen festgemacht wurde, »Kunden« an Bord, um sich eine Flasche Wodka zu kaufen. Wir waren viel billiger als die staatlichen Läden, die zudem am Sonntag geschlossen hatten. Der Verkaufsschlager war ein 70-prozentiger Wodka, für den wir beim Schiffshändler ca. 2 DM bezahlt hatten und der bei uns für etwa umgerechnet 10 DM (5 €) zu haben war.

Es gab aber ein Risiko, das war die Zollfahndung. Die waren in Zivil und arbeiteten wohl rund um die Uhr. Sie wussten um die Geschäfte und versuchten natürlich, uns und die Kunden auf frischer Tat zu erwischen. Hatten sie Erfolg, gab es eine Geldstrafe, sofern die geschmuggelte Menge Alkohol im Rahmen des »Kleinverkaufs« blieb. Es kamen immer die gleichen Kunden an Bord, und wurden sie erwischt, so zahlten sie die Strafe, gaben aber nicht an, von wem sie das Zeug gekauft hatten, wohl wissend, dass sie bei einem Verrat nie wieder beliefert werden würden.

In seltenen Fällen ging auch mehr als eine Flasche über den »Tresen«, und an einen besonderen Fall erinnere ich mich. Sonntagabend, das Schiff war vor gut einer Stunde festgemacht worden. Aufmerksam war einer unserer Leute als *Scout* durch den Hafen gestreift und hatte etwa 200 Meter vom Schiff einen PKW mit zwei Leuten hinter einem Holzstapel versteckt entdeckt. Mit Recht vermutete er in dem Wagen eine Zivilstreife der Zollfahndung. Daraufhin verkauften wir erst einmal keinen Alkohol. Aber dann kam ein findiger Mensch an Bord und heckte mit mir einen Plan aus.

Er ging von Bord. Nach ca. zehn Minuten kam ein PKW und hielt direkt vor der Gangway. Ein Mann stieg aus, ging an Bord, lud sich einen Karton auf die Schulter, ging die Gangway hinunter, stieg eilends ein und mit hoher Fahrt schoss das Auto davon. Wie von mir erwartet, nahm die Zollfahndung im Wagen hinter dem Holzstapel die Verfolgung auf. Kaum waren sie hinter der nächsten Ecke verschwunden, kam ein anderer PKW gemütlich vor die Gangway gerollt. Schnell wurde dem Fahrer der schon vorher bezahlte Alkohol, ich glaube, es waren sechs Flaschen, übergeben und er fuhr gemütlich davon. Das erste Auto ließ sich nach einer kurzen Verfolgung nach ungefähr einem Kilometer stoppen, und der Zoll entdeckte zu seiner Freude im besagten Karton einen Haufen alter Zeitschriften. Diese Runde ging an uns.

Ein noch besseres Geschäft wurde mit Pornoheften gemacht. Die kauften wir zu jeweils einhundert gebündelt für ganz wenig Geld in Göteborg und verkauften sie für ein Vielfaches in Lissabon an Großabnehmer. Die konnte man dann etwas später ganz legal in Kiosken erstehen. Das lag daran, dass einige Monate zuvor die sogenannte »Nelkenrevolution« in Portugal stattgefunden hatte. Die alten Machthaber waren hinweggefegt worden und die neue, junge Demokratie hatte sich noch keine umfassenden Regeln gegeben.

Ich will hier auch kurz von einem unangenehmen Zwischenfall berichten, der ebenfalls in Göteborg stattfand. Vera war mit dem Auto – wir besaßen damals einen VW-Käfer – mit den Kindern aus Lilienthal angereist, um mich für ein paar Tage während der Liegezeit des Schiffes zu besuchen. Wir hatten mit dem Auto einen Ausflug gemacht und waren am frühen Abend zurück. Es ging die Gangway hinauf und dann im Schiff treppenaufwärts zu meinen Räumen. Ich ging voran, als sich von oben kommend mir ein unbekannter Mann in den Weg stellte und nach Alkohol fragte. Als ich ihm sagte, ich werde keinen Alkohol an ihn verkaufen, zog er plötzlich ein ziemlich langes Messer – es sah aus wie ein Küchenmesser – unter der Jacke hervor und bedrohte mich damit. Irgendwie reagierte ich instinktiv und trat ihm das Messer aus der Hand. Es war auch wohl mein Glück, dass er angetrunken wirkte und seine Reaktionen nicht optimal waren. Ich wollte keinen weiteren Ärger, behielt das Messer und scheuchte den Kerl von Bord. Die Polizei zu rufen, kam mir nicht in den Sinn; ich wollte den Rest des Abends nicht mit Vernehmungen etc. verbringen. Unangenehm war mir nur, dass meine Familie Zeuge des ganzen Theaters geworden war. Das Messer wanderte in die Kombüse und tat dem Koch gute Dienste.

Ich erinnere mich an eine andere kleine Schmuggelgeschichte, die nicht so gut ausging. Das Schiff hieß MS »Travestein« und gehörte dem Norddeutschen Lloyd, ich war Offiziersanwärter, das heißt, ich war Matrose, trug aber schon eine Khakiuniform, ohne Streifen, und musste keine Decksarbeiten verrichten, sondern assistierte den Offizieren auf der Brücke. Wir schrieben das Jahr 1963, das Schiff war eben in den Hafen von New York eingelaufen. Die »Schwarze Gang« war an Bord, das heißt einige Männer vom Zoll, die das Schiff nach Schmuggelgut durchsuchten. Ich begleitete sie dabei. Sie hatten schon einige Kabinen durchsucht und so weit nichts gefunden. Jetzt nahmen sie sich noch die Provianträume vor, wobei uns auch einer der zwei Kochsmaaten begleitete. (Auf den Schiffen des NDL arbeiteten damals drei Leute in der Kombüse, ein Chefkoch und zwei Kochsmaate, von denen der eine ein gelernter Schlachter und der andere ein gelernter Bäcker war.)

Von der Kombüse konnte man direkt in die Provianträume gelangen, die sich ein Deck unter der Kombüse befanden und mit einer steilen Treppe verbunden waren. Die Durchsuchung war beendet, man hatte nichts gefunden und wir stiegen die Treppe zur Kombüse hoch. Der Kochsmaat als Erster und direkt hinter ihm zwei Leute vom Zoll. Oben angekommen sagte der Kochsmaat grinsend zum Koch: »Den Schnaps im Heringsfass haben sie nicht gefunden.« Der Amerikaner direkt hinter ihm lachte laut und sagte in fließendem Deutsch: »Das werden wir gleich, mein Freund.« Der Koch schrie: »Du dämliches Arschloch!«, und gab dem Maat eine schallende Ohrfeige. So kann es gehen!

Es gibt natürlich auch nette Zollbeamte. Mit solchen menschlichen Exemplaren hatte ich es zu tun, als wir im Sommer des Jahres 1983 zwischen Rotterdam und einem kleinen irischen Hafen hin und her pendelten. Den Namen des Hafens will ich nicht nennen, könnte man doch vielleicht den Beamten, sie werden alle längst pensioniert sein, noch nachträglich ans Leder gehen und ihnen die Pension kürzen. Als wir wieder einmal mit dem schönen kleinen Schiff »Wümmedeich« im Hafen dieses reizenden Städtchens festgemacht hatten, bekam ich zur Einklarierung den obligatorischen Besuch zweier Zollbeamten. Nach ein wenig Smalltalk bei einem Gläschen Bier sagten sie mir, in einiger Zeit stünde eine Party unter Kollegen an. Ob ich wohl so nett sei, in Rotterdam für sie und auf ihre Rechnung beim Schiffshändler 20 Kisten Bier zu kaufen. Nun ist das Bier in Irland meiner Meinung nach besser als das holländische. Aber es ist auch sehr viel teurer. So kam ich gerne ihrem Wunsch nach. Das Bier wurde, natürlich steuerfrei, beim nächsten Anlegen in Rotterdam gekauft und nach Irland mitgenommen. Der Zoll kam mit einem kleinen Lieferwagen, in den sie das Bier der Marke Heineken verstauten. So weit, so gut, aber besonders lieb war es, als mir später von einem der Herren ein Kanister mit irischem Whiskey überreicht wurde, mit der Bemerkung, er sei unverdünnt und müsse mit Wasser auf Trinkstärke verschnitten werden. Ich will lieber nicht wissen, woher die Herren vom Zoll das Zeug hatten. Geschmeckt hat er mir trotzdem.

Umm Qasr

Anfang der Siebzigerjahre auf M/S »Gotland«. Das Schiff hatte in einem mitteleuropäischen Hafen eine volle Ladung großer Auflieger an Bord genommen, so
wie man sie etwa zum Transport von großen Raupenbaggern benötigt. Wo sie
gelöscht werden sollten, stand bei Abfahrt des Schiffes noch nicht fest, besser
gesagt: Man verschwieg es uns. Es sollte aber ein Hafen im östlichen Mittelmeer
sein. Wir machten uns also auf die Reise. Einige Tage nach dem Passieren von
Gibraltar bekam ich ein Telegramm. Das Ziel sei Umm Qasr, ein irakischer
Hafen am Persischen Golf. Die notwendigen Seekarten würde ich in Port Said
bekommen.

Es gab leider ein kleines Problem: Das Schiff besaß nur einen Fahrterlaubnisschein für die »Mittlere Fahrt« und durfte über das Mittelmeer hinaus nicht
eingesetzt werden. Für die Fahrt in das Rote Meer und darüber hinaus benötigte
man einen Fahrterlaubnisschein für die »Große Fahrt«. Was sollte ich machen?
Augen zu und durch, umkehren war schließlich keine Option. Positiv war, dass
der Fahrterlaubnisschein nicht zu den Dokumenten gehörte, die von den aus-
ländischen Behörden kontrolliert wurden.

Die Reise verlief ohne Probleme. Als wir vor dem Schatt al-Arab ankamen,
lagen dort dutzende Schiffe vor Anker, die auf einen Liegeplatz in einem der um-
liegenden Häfen warteten. Wir legten uns dazu. Da wir nicht wussten, wie lange
wir dort ausharren mussten, rationierte ich den Verbrauch von Trinkwasser. Alle
waren einsichtig und hielten sich an die Regeln. Wir warteten länger als zwei
Wochen, dann holte man uns endlich in den Hafen. Mir dämmerte allmählich,
dass unsere Ladung wohl eher zum Transport von Panzern des Diktators Sad-
dam Hussein als von Baggern gedacht waren.

Ich erwartete Post von der Reederei. Als ich den Makler danach fragte, sagte
er mir, da müsse ich im Büro in Basra selbst nachschauen, man werde mir einen
Wagen schicken. Das Auto, ein alter Mercedes, kam und wir machten uns auf die
Fahrt nach Basra, etwa 70 Kilometer von Umm Qasr entfernt. Die Straße führte
durch wüstenartiges Gelände. Plötzlich gab der Motor hässliche Töne von sich
und die Karre blieb stehen. Der Fahrer stieg aus, öffnete die Motorhaube und sah
hinein. Dann kam er zurück, bat mich auszusteigen und führte mich dann nach
vorn. Er zeigte mit dem Finger in den Motorraum und sah mich fragend an. Als
ich mit der Schulter zuckte, sah er mich klagend an und sagte: »German car! You
are German!« Bedauerlicherweise konnte ich ihm nicht helfen. Ich stellte mich an

die Straße und winkte. Nach einigen Minuten hielt ein netter Mensch an, nahm mich mit und setzte mich vor dem Gebäude der Agentur ab. Drinnen fragte ich nach der Post. Man wies auf einen Haufen davon, der in einer Ecke des Raumes auf dem Fußboden lag. Es waren, wild durcheinander, Briefe an verschiedene Schiffe. Ich machte mich also daran zu suchen und wurde auch bald fündig. Die Fahrt zurück an Bord, mit einem anderen Fahrer, klappte ohne Probleme.

Nachdem die Ladung gelöscht war, fuhr das Schiff in Ballast nach Hamburg. Die üblichen Behörden kamen an Bord, unter anderem die Wasserschutzpolizei. Es waren zwei Beamte. Sie baten um die Schiffspapiere, das Tagebuch und, natürlich, den Fahrterlaubnisschein. Sie blätterten gründlich im Tagebuch, ließen die Seite, auf der als Ort »Umm Qasr« vermerkt war, offen liegen. Mir blieb bald das Herz stehen. Die Beamten schwiegen eine Weile und nahmen noch einen Schluck Kaffee. Dann sagte der eine zu mir: »Kapitän, wir feiern heute Abend auf dem Revier den Geburtstag eines Kollegen. Können Sie uns zwei Flaschen Whisky verkaufen?« Mir fiel ein Stein vom Herzen. Ich hätte ihnen den Whisky auch gerne geschenkt. Das wäre aber Beamtenbestechung gewesen. Fazit: Deutsche Beamte können auch schon mal etwas übersehen.

Kleine Krankengeschichten

Während des Studiums erhielten wir an der Hochschule für Nautik auch eine rudimentäre medizinische Ausbildung. Einmal in der Woche, für eine Stunde, machte uns ein Arzt mit den Mysterien der Erkennung und Behandlung von Krankheiten vertraut. Aber auch die Versorgung von Unfallopfern wurde behandelt. Das Setzen von Spritzen wurde geübt, intramuskulär (rechter oberer Quadrant der Pobacke), subkutan oder intravenös. Weiterhin lernten wir das Nähen von Wunden etc., sozusagen einen Parforceritt durch das Reich des Äskulap. Besondere Aufmerksamkeit wurde der Erkennung und Behandlung von Geschlechtskrankheiten gewidmet. Dieses Thema untermauerte der Herr Doktor mit treffenden Sprüchen wie: »Die Gonokokke sitzt und lauscht, wie der Urin vorüberrauscht«, oder: »Erst scherzt er mit dem dreisten Lieschen, nun schmerzen ihm die Leistendrüschen.«

Auf den Schiffen war und ist eine Kabine mit dem Namen »Hospital«, versehen mit einer oder zwei Kojen. Außerdem mit Schränken, in denen die Schiffsapotheke aufbewahrt wird. Da gibt es alle Arten von Medikamenten, Salben, Verbandszeug, Skalpellen, Pinzetten, Schienen, Suspensorien, Zangen zum Zähneziehen etc. Außerdem auch Kondome, manchmal in zwei Größen, eine für Asiaten (klein) und eine für Europäer (größer). Schwarzafrikaner hatten wir nie an Bord, sonst hätte man das Schiff wohl auch mit XL-Kondomen beglückt. (Hier bediene ich ein Klischee.)

Alle Medikamente und Heilmittel waren nummeriert, und in einem schlauen Buch waren alle möglichen Krankheiten und deren Behandlung beschrieben und die dazu nötigen Medikamente etc. mit der entsprechenden Nummer erwähnt. Es gab auch einen kleinen Safe, in dem Opiate und andere Drogen aufbewahrt wurden. Zu diesem Safe besaß nur der Kapitän einen Schlüssel.

Auf hoher See kann man keinen Arzt rufen, aber was wir konnten, war, im Falle einer ernsthaften Erkrankung uns über Funk mit einem Krankenhaus in Cuxhaven in Verbindung setzen. Nach Schilderung der groben Symptome wurden wir dann mit einem Facharzt verbunden, der uns zwar nicht mit Tat, wohl aber mit Rat zur Seite stand. Die Ärzte hatten das gleiche schlaue Buch wie wir zur Hand, und mit Hilfe der Nummerierung wurde das jeweils richtige Medikament schnell benannt. Im äußersten Fall rieten sie dazu, den nächstmöglichen Hafen anzulaufen und den Kranken dort versorgen zu lassen. Als Beispiel schildere ich kurz einen Vorfall auf M/S »Emsstein«. Ich war Dritter Offizier und das

Schiff befand sich auf dem Weg von Grangemouth (Schottland) nach Quebec. Wir waren, man schrieb den 18. Mai 1967, im Nordatlantik in einen schweren Sturm geraten. Der Elektriker Hans M. hatte die sicheren Aufbauten verlassen und sich nach vorn begeben; ich weiß nicht mehr, welche Arbeit er verrichten wollte. Wie auch immer. Ich schrieb an meine Frau: »Der Elektriker wurde von einer schweren See erfasst und zu Boden geschleudert, wobei er sich den rechten Arm auskugelte. Wir haben ihm Morphium gegeben und versucht, den Arm wieder einzurenken. Leider hat es nicht geklappt. Er hat starke Schmerzen, und Neufundland, das nächste Stückchen Erde mit Arzt, ist noch 500 Meilen entfernt und ist überdies mit einem Eispanzer umgürtet. Wie es weitergehen soll, weiß noch niemand. Gebe Gott, dass seine Schmerzen nicht zu stark werden, denn wir haben nur für zwei weitere Tage Morphium an Bord. Würden wir wenigstens vorwärtskommen! Aber mit nicht mehr als halber Geschwindigkeit kämpft sich das Schiff durch die See.« Am 19. Mai 1967 schrieb ich: »Wir haben mit einem Funkarzt Verbindung aufgenommen. Er riet dringend, den nächsten Hafen anzulaufen. Der nächste Hafen ist St. John's auf Neufundland, und wir werden ihn wohl im Laufe der morgigen Nacht erreichen. So ist es eben in der Seefahrt, andauernd passiert etwas Unvorhergesehenes, und das ist meistens negativ und durch Wind und See verursacht. Man ist sehr allein, ein kleiner Punkt auf dem Weltmeer. Kein Arzt, kein Krankenhaus, keine Polizei und keine Feuerwehr. Als wir drei (der 1. und der 2. Offizier und ich) versuchten, dem armen Kerl den Arm wieder einzurenken, schrie er vor Schmerzen, trotz Morphium, und doch musste es getan werden. Dem 1. Offizier zitterten danach so sehr die Hände, dass er die Morphiumspritze nicht ruhig halten konnte.« So weit aus dem Brief an meine Frau.

Das bringt mich zur zweiten kleinen Krankengeschichte. Auf MS »Conti X« waren wir auf dem Weg von Mersin, einem Hafen in der Türkei, nach Antwerpen. Das Schiff befand sich mit Westkurs an der algerischen Küste. Der Matrose Bernd D. hatte sich zum 2. Offizier begeben, der war der »Doktor« an Bord, und hatte über starke Schmerzen im rechten Unterbauch geklagt. Der 2. Offizier informierte mich. Nachdem wir uns im schlauen Buch informiert hatten, tippten wir auf eine Blinddarmentzündung, einen sogenannten »akuten Bauch«. Ich telefonierte über Funk mit Cuxhaven, schilderte die Symptome, Blutdruck, Körpertemperatur etc. Man bestätigte unseren Verdacht und riet mir, dem Patienten Antibiotika zu verabreichen, den nächsten Hafen anzulaufen und ärztliche Hilfe zu suchen. Wir waren in der Nähe von Oran. Ich telefonierte mit den dortigen Behörden, und man erlaubte uns, den Hafen anzulaufen, dort auf

Reede zu ankern und auf einen Arzt zu warten. Das taten wir. Ein Arzt kam nicht an Bord, aber man schickte ein Boot und brachte den Patienten an Land in ein Krankenhaus. Uns gebot man, auf Reede bis auf Weiteres zu warten.

Nach circa zwei Stunden brachte man den Patienten zurück an Bord, sagte mir, der Patient habe etwas mit der Leber und könne gefahrlos bis nach Antwerpen an Bord bleiben. Ich hatte keine Wahl, wir hievten den Anker und setzten unsere Reise fort. Von Oran bis Antwerpen braucht man circa fünf Tage. Der Zustand des Patienten verbesserte sich nicht, im Gegenteil, trotz hoher Dosen Antibiotika verschlechterte sich sein Zustand nach einigen Tagen. Wir waren mittlerweile in der nördlichen Biskaya und ich entschloss mich, den englischen Hafen Plymouth, am Westausgang des Ärmelkanals, anzulaufen. Ich kontaktierte die dortigen Behörden. Wir ankerten auf Reede und sogleich wurde der Kranke von Bord geholt. Wir setzten die Reise ohne den Patienten fort. Wie wir später erfuhren, hatte man ihn schon eine Stunde nach unserer Ankunft operiert. Sozusagen in letzter Minute. Es war der Blinddarm! Ein Kommentar über die Fähigkeit des verantwortlichen algerischen Arztes erübrigt sich.

Die dritte kleine Geschichte passierte ebenfalls auf MS »Conti X«. Zur Maschinenbesatzung gehörte der Reiniger Walter L. Dieser Mensch war ein ausgesprochener Faulpelz, nicht besonders stark im Denken und dafür bekannt, alle Nase lang über irgendein Wehwehchen zu klagen. Aber wir hatten ihn nun einmal an Bord und würden ihn so bald nicht loswerden, da wir uns auf der Ausreise befanden und so bald nicht wieder einen deutschen Hafen anlaufen würden. An einem Dienstagabend hatte er, zusammen mit ein paar Kumpels, tüchtig gezecht. Am nächsten Morgen meldete er sich beim 1. Ingenieur, um ihm mitzuteilen, er könne nicht arbeiten, da er starke Schmerzen im Bauch habe. Der Chief schickte ihn zum Zweiten Offizier, der nach altem Brauch für die Medizin an Bord zuständig ist. Dem Zweiten Offizier erzählte er, neben den Schmerzen leide er auch an Durchfall. Arbeit im Maschinenraum sei für ihn zurzeit ausgeschlossen. Der Zweite Offizier kannte seinen Pappenheimer, hatte starken Zweifel an den Schilderungen des Walter L. und bat mich, in das Hospital zu kommen, um sozusagen eine zweite Meinung einzuholen. Das »Hospital« auf diesem Schiff war eine Kabine mit zwei Betten und einer Toilette. Auch ein paar Schränke mit der Schiffsapotheke befanden sich in diesem Raum. Nach Anamnese und gründlicher Untersuchung des Patienten lautete die einhellige Diagnose des 2. Offiziers und mir, hier liege ein eindeutiger Fall von »Morbus simulatus« vor.

Ich machte ein bedenkliches Gesicht und teilte dem Herrn L. mit, es bestehe der Verdacht auf Ruhr. Eine Quarantäne sei unbedingt erforderlich. Man müsse ihn, wegen der Ansteckungsgefahr, unbedingt von der übrigen Besatzung isolieren. Wir quartierten ihn also im Hospital ein. Er war ein starker Raucher, aber Rauchen war für einen Schwerkranken natürlich nicht drin. Alkoholgenuss war auch streng untersagt. Die Ernährung beschränkte sich auf das Essen von ungewürztem Haferschleim. Wegen der Infektionsgefahr gab es für ihn auch keinen Lesestoff. Wir ließen diesen armen Kerl also tüchtig schmoren, und wie erwartet hielt er diesen Zustand nicht sehr lange aus. Total isoliert, kein Bier, keine Zigaretten, mieses Essen und überbordende Langeweile ließen ihn schnell einknicken und gegenüber dem Zweiten Offizier, dem »Medizinmann«, erklären, er fühle sich schon viel besser. Eine wundersame Heilung nach wenigen Stunden!

Derselbe Mann erfuhr wenig später eine besondere Behandlung, von der ich erst später, unter vorgehaltener Hand, erfuhr. Offiziell durfte ich nichts darüber wissen und der »Geschädigte« brachte die Sache nicht zur Anzeige, die Geschichte war ihm wohl zu peinlich. Kinder unter 16 Jahren bitte nicht weiterlesen! Der Delinquent hatte sich, ich weiß nicht wo und von wem, eine Gonorrhoe, vulgo einen Tripper, geholt. Er wurde an Bord mit Antibiotika behandelt und wurde als geheilt eingestuft, wobei aber ein kleines Restrisiko blieb und man noch etwas abwarten musste, um sicher zu sein, dass alles wieder in Ordnung sei. Wir waren an einem Sonnabend in den Hafen von Antwerpen eingelaufen, und Herr L. erwähnte gegenüber seinen Kollegen, er habe vor, abends an Land zu gehen und ein gewisses Etablissement aufzusuchen. Das brachte einige Kollegen auf die Palme. Sie beschlossen, den nur eingeschränkt als gesund eingestuften Kollegen am Landgang zu hindern, um ihn davon abzuhalten, eventuell einen anderen Menschen anzustecken. Als er gegen 19 Uhr, kurz vor dem geplanten erotischen Abenteuer, unter der Dusche stand, um sich landfein zu machen, erschienen vier leicht vermummte Gestalten, zerrten ihn unter der Dusche hervor und legten ihm – da half kein Protestieren – ein passendes Vorhängeschloss um sein Gemächt. Den Schlüssel nahmen sie mit. Er verzichtete darauf, einen Vorgesetzten zu informieren oder irgendwo um Hilfe zu bitten, hatte man ihm doch versprochen, ihm den Schlüssel nach Mitternacht, wenn es für einen Landgang zu spät wäre, auszuhändigen. So geschah es auch. Gegen ein Uhr morgens klopfte es an seine Tür. Als er sie öffnete, war niemand zu sehen, aber der Schlüssel hing an der Klinke.

Die vierte Geschichte ist mehr eine Anekdote als eine Geschichte und ereignete sich auf M/S »Gothia«. Auf diesem Schiff war ich, am Anfang meiner Zeit als Kapitän, einige Jahre. Wir verkehrten im Linienverkehr zwischen den

Häfen Göteborg und Halmstad in Schweden und den portugiesischen Häfen Leixões (bei Porto) und Lissabon. Wir hatten einen älteren dritten Ingenieur mit Namen Hubert M. an Bord. Dieser Mensch war, um es mal euphemistisch auszudrücken, etwas unbedarft. Keine Ahnung, wie er zu seinem Patent gekommen war. Wir waren auf dem Weg von Lissabon nach Göteborg. Kurz vor dem Einlaufen, ich stand neben dem Lotsen auf der Brücke, erschien Herr M. und bat mich um ein kurzes Gespräch. Ich verzog mich mit ihm in die Brückennock und bat ihn, mir sein Anliegen mitzuteilen. Er druckste ein wenig herum und erzählte mir dann, er habe an seinem Glied eine kleine Stelle, so etwas wie ein kleines Geschwür, und er würde in Göteborg gerne einen Arzt konsultieren. Ich fragte ihn, ob er in letzter Zeit Kontakt zu einer Frau gehabt habe. Das wies er, beinahe entrüstet, von sich. Er habe schon seit Jahren nichts mehr mit einer Frau gehabt, dieses Thema habe er endgültig abgehakt. Ich beruhigte ihn, seine Symptome seien wohl harmlos, und er solle einige Zeit abwarten und schauen, wie sich die Sache weiterentwickelt. Er bedankte sich und verließ die Brücke in Richtung Maschinenraum.

Zwei Tage später, wir lagen im Hafen von Göteborg und sollten dort noch zwei weitere Tage liegen, erschien Herr M. wieder bei mir, druckste wieder herum und sagte mir, er möchte doch lieber einen Arzt besuchen. Also arrangierte ich das; er fuhr mit einer Taxe zum Sahlgrenska Krankenhaus, wurde dort von einem Hautarzt untersucht und kam mit einem verschlossenen Umschlag zurück, den er mir überreichte. Wie es denn gelaufen sei, fragte ich ihn. »Alles positiv, hat der Arzt gesagt, da habe ich ja wohl richtig Glück gehabt.« Ich öffnete den Umschlag, und da stand es. »Lues (Syphilis) positiv, im ersten Stadium. Im Umschlag lag auch ein Rezept für die Behandlung mit Antibiotika. Ich erklärte dem Mann die Sache und er verließ mit hängenden Schultern meine Kabine.

Die letzte Geschichte, eigentlich sind es zwei Vorfälle, die mich selbst betrafen und ein Licht darauf werfen, wie es ist, auf einem Schiff zu arbeiten und Verantwortung zu tragen. M/S »Gothia«. Wir waren in den Hafen von Grangemouth (England) eingelaufen. Seit einigen Tagen litt ich unter Halsschmerzen und diagnostizierte mir selbst eine Mandelentzündung. Der Agent arrangierte einen Arztbesuch. Der Doktor untersuchte mich, bestätigte meine Diagnose und bat mich, einen Augenblick im Wartezimmer zu warten. Nach einigen Minuten kam er zu mir und überreichte mir einen verschlossenen Umschlag, auf dem stand: »To the Master« (An den Kapitän). Ich öffnete den Brief und erklärte dem überraschten Arzt, ich sei der Kapitän. Im Brief war ein Rezept und ein Papier, auf dem die Diagnose mit dem Zusatz »unfit for work, for three days« (arbeitsunfähig für drei Tage) vermerkt war. Der Arzt lachte, nahm mir den Zettel aus der Hand und zerriss ihn. Als Kapitän muss man schon halb tot sein, um als Kranker zu gelten.

Der zweite Vorfall hatte mich einige Zeit vorher, auf meinem ersten Schiff als Kapitän der »Hermia«, fast an die Grenze des Zumutbaren gebracht. M/S »Hermia« war ein kleines Schiff und war neben dem Kapitän mit nur zwei weiteren Nautikern besetzt, dem 1. und dem 2. Offizier. Das Schiff war im Linienverkehr zwischen Göteborg und Lissabon beschäftigt. Auf der zu erzählenden Reise war, kurz vor dem Auslaufen aus Göteborg, der 2. Offizier erkrankt und musste in Göteborg ins Krankenhaus. Ersatz war so schnell nicht zu beschaffen, der Fahrplan musste eingehalten werden und jeder weitere Tag im Hafen hätte die Reederei viel Geld gekostet. Es gab die Möglichkeit, als Ausnahme, mit nur einem Offizier für eine begrenzte Zeit das Schiff zu besetzen. Der Reeder fragte, ob ich dazu bereit sei. Die Entscheidung, Ja zu sagen, wurde mir dadurch versüßt, dass für diesen Fall meine Heuer für den Zeitraum der Unterbesetzung um 65 % erhöht werden würde. Das Schiff lief also, nur mit zwei Nautikern, dem 1. Offizier und mir besetzt, aus. Wir praktizierten das sogenannte Zwei-Wachen-System. Sechs Stunden Wache, sechs Stunden Ruhe, und das rund um die Uhr, jeden Tag! Da kommen in der Woche sieben mal zwölf Stunden, also 84 Stunden zusammen. Für einen an Land arbeitenden Menschen, mit seinen 40 Arbeitsstunden, wohl eine Horrorvorstellung. Dazu kommt, dass man wegen der Wache voll konzentriert auf der Brücke steht; schon ein Gang zur Toilette kann problematisch werden. Im Zweifelsfall, zum Beispiel bei dichtem Schiffsverkehr, musst du deinen Kollegen möglicherweise aus dem Schlaf reißen, mit der Bitte, dich einige Momente abzulösen. Meine Wachzeiten waren von sechs Uhr bis zwölf Uhr und von 18 Uhr bis 24 Uhr, der Erste Offizier ging die Wachen von null Uhr bis sechs Uhr und von zwölf Uhr bis 18 Uhr. Wir verließen also den Hafen von Göteborg. Die ersten paar Tage verliefen ohne große Probleme. Es war Sommer. Die See war einigermaßen ruhig und die Sicht war gut. Etwa beim Passieren von Quessant, am Eingang der Biscaya, wurde ich krank. Eine Grippe oder etwas Ähnliches hatte mich gepackt. Ich litt unter Schüttelfrost und hatte ziemlich hohes Fieber. Was tun? Ist doch klar, die Zähne zusammenbeißen und weitermachen. Der Erste Offizier kann schließlich nicht ununterbrochen tagelang rund um die Uhr auf der Brücke stehen. Ich ging also, wie gewohnt, weiter zu meinen Wachen. Ich saß, dick in eine Wolldecke gewickelt, in einem hohen Stuhl, direkt vor dem Brückenfenster, ließ mich vom Wachgänger mit heißem Tee versorgen und sehnte das Ende meiner Wache herbei, um nach der

Ablösung direkt in meine Koje zu fallen. Nach gut zwei Tagen besserte sich mein Zustand, ich konnte wieder etwas essen, und das Fieber klang langsam ab. Als wir in Lissabon einliefen, stand der neue Zweite Offizier schon an der Pier und das Leben ging wieder seinen normalen Gang.

Autogeschichten, Käfer auf dem Floß und im Fischernetz

Zwei kleine Geschichten, und beide haben einen VW-Käfer als Hauptdarsteller. M/S »Gothia«, mein zweites Schiff als Kapitän. Wir waren im Liniendienst zwischen Göteborg und Tilbury (England) beschäftigt. Mitte August 1972, die Hafenarbeiter in Tilbury streikten. Wir ankerten schon etliche Tage auf der Themse, nicht weit vom Badeort Southend, um das Ende des Streiks abzuwarten. An Bord war meine Familie und zwei VW-Käfer. Mit dem einen Käfer war meine Familie von Lilienthal nach Göteborg gekommen, mit dem anderen die Frau des Ersten Offiziers, Volker H., von ihrem Wohnort.

Nach einiger Zeit langweilten wir uns, wir schauten mit dem Fernglas auf das bunte Treiben auf der Uferpromenade des Ortes, und da hatte der Erste Offizier eine Idee. Warum nicht einen kleinen Ausflug an Land machen und ein wenig die Gegend erkunden, und zwar mit dem Auto! Aber wie das Vehikel an Land kriegen? Eine Lösung hatte er auch schon. Um die Bordwand des Schiffes außenbords entrosten und streichen zu können, hatten wir uns ein Floß gebaut. Der Schwimmkörper des Floßes bestand aus einer Reihe leerer 200-Liter-Ölfässern (Schmieröl für die Maschinen), fest miteinander verbunden und mit dicken Holzplanken als Deck.

Wir setzten das Floß mit einem der Bordkräne außenbords. Wir hatten das nötige Geschirr an Bord, um ein Auto an Bord oder von Bord zu bekommen. Das hatten wir schließlich schon in Göteborg benutzt, um unsere Wagen an Bord zu bekommen. Also angepickt, und mit dem Kran beförderten wir den Käfer des Erste Offiziers auf das Floß.

Als Nächstes wurde eines der beiden Rettungsboote zu Wasser gelassen und vor das Floß gespannt. Der Bootsmann Manfred M., der Erste Offizier und der Leitende Erste Ingenieur, Bernd N., besetzten das Boot und tuckerten in Richtung Strandpromenade.

Mittlerweile war man an Land auf das seltsame Treiben aufmerksam geworden. Eine größere Menschenmenge – es war ein sonniger Hochsommertag und die Promenade war gut besucht – versammelte sich dort an einem Anleger, auf den unsere Jungs zusteuerten. Jemand hatte wohl die Presse informiert, die standen schon mit ihren Kameras bereit. Aber auch die Polizei war vor Ort und leider auch zwei Beamte vom Zoll.

Es gelang ohne Probleme, das Auto von dem Floß an Land zu bugsieren. Aber die zwei Zollbeamten! Sie beschuldigten meine Leute, einen PKW in das Vereinigte Königreich eingeschmuggelt zu haben, eine schlaue Art zu schmuggeln, unter den Augen einer größeren Menschenmenge, der Polizei und der Presse. Jedenfalls wurde der Käfer konfisziert und erst zwei Tage später wieder freigegeben. Dazu beigetragen hat möglicherweise auch ein launiger Zeitungsartikel, den wir am nächsten Morgen in der örtlichen Tageszeitung lesen konnten.

Die zweite Geschichte schließt sich fast an die erste an. Nach Ende des Streiks hatten wir in Tilbury unsere Ladung, die aus Paketholz bestand, gelöscht. Die beiden Käfer – mit unserem waren wir ein wenig durch die Gegend gefahren – wurden wieder an Deck gesetzt. Der Wetterbericht sagte einen Sturm für den Skagerrak voraus. Vor dem Auslaufen in Tilbury wurde das Schiff seeklar gemacht. Dazu gehörte, dass die beiden Käfer, die an Deck standen, gelascht werden mussten. Ich überließ das bei unserem Auto dem Bootsmann. Der Erste Offizier laschte, um sicherzugehen, seinen Käfer selbst. Dem Bootsmann traute er wohl nicht so recht.

Die Reise begann bei blauem Himmel und ruhiger See. Das änderte sich, als wir auf unserer Heimreise nach Göteborg den Skagerrak erreichten. Der Wind frischte auf und erreichte bald Sturmstärke aus nordwestlicher Richtung. Das Schiff rollte und stampfte in der hohen See. Es war gegen 23:00 Uhr, als ich einen Anruf von der Brücke bekam. »Kapitän«, so informierte mich der Dritte Offizier, der die 8–12-Wache hatte, »Kapitän, das Auto vom Ersten Offizier ist eben über Bord gegangen, ich werde ihn jetzt auch anrufen und ihm die schlimme Nachricht beibringen.«

Ich wies ihn an, das zu lassen. Der Erste Offizier schlief sicherlich, da er um vier Uhr seine Wache antreten musste. Es machte keinen Sinn, ihn jetzt zu wecken. Wir konnten nichts tun, das Auto war weg und die Hiobsbotschaft würde ihn früh genug erreichen. So gönnten wir ihm noch ein paar Stunden friedlichen Schlaf. Er wurde um 03:30 Uhr geweckt und kam kurz vor vier Uhr auf die Brücke. Ich hatte mich auch wecken lassen und brachte ihm die Nachricht so schonend wie möglich bei. Unser Auto überstand die Reise. Nach der Ankunft in Göteborg blieb meine Frau noch ein oder zwei Tage an Bord und trat dann mit dem Käfer die Reise nach Hause an.

Der Erste Offizier ging wenig später in Urlaub. Ich sah ihn erst ein paar Monate später wieder. So erfuhr ich, dass es noch zwei Nachspiele gegeben hatte. Als er in seinem Heimatort sein Auto abmelden wollte, verlangte man von ihm wie üblich die Nummernschilder, um die Plaketten zu entwerten. Als er sagte, er habe sein Auto auf dem Grund des Skagerraks geparkt, wollte man ihm lange nicht glauben.

Das zweite Nachspiel war schon etwas ernster. Er erhielt eine Vorladung von der Polizei, und die teilte ihm Folgendes mit: Ein dänischer Fischer glaubte, den Fang seines Lebens gemacht zu haben, als er beim Einholen des Netzes dessen ungewöhnlich großes Gewicht bemerkte. Statt der erhofften Fische fand er einen Käfer aus Wolfsburg in seinem Netz. Das Auto hatte sein Netz stark beschädigt. Anhand der Kennzeichen war der Halter des Autos schnell ermittelt und nun verlangte man Schadensersatz.

Wie die Sache ausgegangen ist, weiß ich nicht, damals schwebte das Verfahren noch und war für die KFZ-Versicherung des Ersten Offiziers sicherlich ein Präzedenzfall.

Westafrika, Behörden etc.

Es war ein nagelneues Schiff, die »Port Harcourt«, benannt nach einem Hafen in Nigeria. In den Häfen St. John (in Kanada) sowie New York und Baltimore in den USA hatten wir das Schiff mit Containern für verschiedene Häfen in Westafrika beladen. Der größte Teil der Ladung bestand aus Hilfsgütern, zum Beispiel Secondhand-Bekleidung und Nahrungsmitteln. Am 13. Januar 1984 erreichten wir nach einer stürmischen Reise über den winterlichen Atlantik als ersten Hafen Dakar (Senegal), löschten dort einen kleinen Teil unserer Ladung und erreichten am 19. Januar 1984 Abidjan (Elfenbeinküste).

Hier in Abidjan war es auch vor vielen Jahren auf einem anderen Schiff, wo ich mitten in der Nacht aufwachte und einen halbnackten Schwarzen vor meiner Koje stehen sah, hereingeklettert durch ein offenes Fenster. Ich konnte ihn überwältigen und an die herbeigerufene Polizei übergeben. Die verprügelten ihn vor meinen Augen, bevor sie ihn abführten.

Nachdem das Schiff fest an der Pier lag, folgte die sogenannte »Einklarierung«, die sich nach ähnlichen Ritualen in jedem Hafen in dieser Weltgegend wiederholt. Das Schiff wird von Beamten mehrerer Behörden besucht. Emigration (Passkontrolle), Gesundheitspolizei, Hafenmeister und, *last but not least*, der Zoll. Immer kommen sie mit mehreren Leuten und jeder erwartet ein Geschenk, meist in Gestalt einer Stange Marlboro oder einer Flasche Whisky. Als erste Truppe kam der Zoll an Bord. Sie waren zu viert. Als Erstes ließen sie sich einen großen Teller mit Broten und ein paar Flaschen Bier bringen. Nachdem sie gegessen und getrunken hatten, begaben sie sich mit mir zum Zollstore. Dort bedienten sie sich. Zwölf Stangen Marlboro, vier Flaschen Gin, fünf Flaschen Brandy, zwei Flaschen Martini, vier Kartons Beck's Bier und ein paar Dosen Deospray nahmen sie sich aus dem Store. Einer der Herren steckte sich zum Schluss noch vier Flaschen Sonnenschutz ein. Als ich ihm erklärte, damit könne er sich vor einem Sonnenbrand bewahren, tauschte er seine Beute gegen vier Dosen Nivea ein. Sie versiegelten den kleinen Raum, in dem an Bord Alkohol, Zigaretten, Bier und andere Dinge, die an die Besatzung verkauft werden, aufbewahrt werden. Man ging wieder in die Messe und trank noch ein paar Flaschen Bier. Der Chef der Truppe zückte einen Taschenrechner und begann den Wert der Beute zu errechnen. Dann schielte er auf meine Armbanduhr und bat mich höflich, sie ihm zu überlassen. Ebenso höflich lehnte ich das ab. Bevor sie das Schiff verließen, bat man noch um einige Rollen WC-Papier. Ich öffnete die Tür eines WC einen Spalt, holte eine WC-Bürste heraus, hielt sie ihnen unter die Nase und sagte ihnen, die benutze man hier statt Papier. Das nahm man mir anscheinend ab. Gibt man den Leuten vom Zoll nicht die erbetenen Geschenke, dann, so lassen sie es unter vorgehaltener Hand wissen, werden sie bei einer Durchsuchung des Schiffes garantiert Drogen finden, (die sie möglicherweise selbst mitgebracht haben). Ein weiteres Problem ist der Diebstahl von buchstäblich allem, was nicht niet- und nagelfest ist.

Besonders dreist war auch die Gesundheitsbehörde in einem der nächsten Häfen, in Tema (Ghana). Diesen Hafen erreichten wir am 23. Januar 1984. Circa acht zerlumpte Gestalten, einer davon in einem weißen Kittel, mit einem Stethoskop um den Hals, verlangten, unsere Provianträume zu sehen, um deren Sauberkeit zu kontrollieren und sich dort ihre Taschen zu füllen, mit »Proben« in Gestalt von tiefgekühlten Hähnchen, Schweinefleisch und Rindfleisch. Man müsse die in ihrem Labor testen, wobei das Labor wohl aus ihren Mägen bestand. Natürlich hatte der Zoll und die anderen Behörden, Passpolizei, Hafenmeister etc., sich auch schon reichlich bedient. Aber auch nachdem diese Leute gegangen waren, gab es keine Ruhe. Mehrmals erschienen finstere Gestalten von angeblich irgendeinem Amt mit Schreiben, etwa in der Art, man möge dem Überbringer bitte zwei Kartons Bier und zwei Flaschen Whisky aushändigen. Zu meinem Bedauern konnte ich diese Wünsche nicht erfüllen. Ein weiteres Problem ist der Diebstahl von allem, was nicht niet- und nagelfest ist. Flaggleinen wurden ausgeschoren. Türmatten wurden entwendet. Alle Rettungsringe und Löschschläuche wurden von Deck genommen und eingeschlossen. Sogar eine Kurbel, zum Herausdrehen der Gangway, fand einen Liebhaber.

Am 22. Januar 1984 erreichten wir den schönen Hafen Lome in Togo. Der Hafenkapitän war ein deutscher Nautiker. Dort gibt es ein großes, schönes Seemannsheim. Die Leitung hatte ein deutscher evangelischer Pastor. Am Abend besuchte ich das Seemannsheim und trank im schönen Garten ein paar Bier. Auffällig waren die vielen Huren, die dort nach Kunden Ausschau hielten. Als mich der Pastor am nächsten Tag an Bord besuchte und ich ihn darauf ansprach, reagierte er verschnupft und erzählte mir, die Damen kämen aus Ghana und hätten ihn einmal verprügelt, als er versucht habe, sie von dem Geländer der Seemannsmission zu vertreiben. *Ce la vie!*

In vielen Ländern Westafrikas herrschte, und herrscht wohl noch, bittere Armut. So brauchten wir uns zum Beispiel um die Abfallbeseitigung keine Gedanken zu machen. Die an Deck stehenden Kübel wurden regelmäßig zur weiteren Verwertung geleert. Leere Bier- und Limonadenflaschen waren hoch begehrt.

Sich ohne Auto abends an Land zu bewegen, ist nicht ganz ohne Risiko. Der englische Seemannspastor, der uns einen Besuch abstattete, erzählte mir diese kleine amüsante Geschichte. Einige Tage zuvor hatten fünf polnische Seeleute das Seemannsheim besucht. Abends bot der Leiter des Seemannsheims ihnen an, sie zurück an Bord ihres Schiffes zu fahren. Sie meinten, zu fünft drohe ihnen keine Gefahr, und machten sich zu Fuß auf den Heimweg. Als sie das Schiff erreichten, trugen sie nur noch ihre Unterhosen, alles andere war weg!

Ein amüsantes Erlebnis hatte ich einige Zeit später. Ich war zusammen mit meinem Reeder von Frankfurt nach einer westafrikanischen Hauptstadt geflogen. Welches Land, will ich nicht erwähnen, um diplomatische Verwicklungen zu vermeiden. Zusammen, aber getrennt – er saß in der ersten Klasse, ich in der Touristenklasse. Ich sollte im dortigen Hafen einen Kollegen ablösen, Herr von H. wollte in der Stadt geschäftliche Gespräche führen. Es war ein ruhiger Flug. Nach dem Aussteigen schlug uns in der nicht klimatisierten Ankunftshalle feuchte Hitze entgegen. Zuerst ging es durch die Passkontrolle. Ich war leger gekleidet, Jeans und ein verwaschenes T-Shirt, Herr von H. trotz der Hitze im feinsten Zwirn mit Schlips und Kragen. Ich stand hinter Herrn von H., als er dem Beamten seinen Pass reichte. Der schwarze Mann nahm ihn, schaute auf das Passbild, dann auf Herrn von H., sagte dann: »It's not you«, und gab ihm den Pass zurück. Herr von H. schaute fassungslos. Ich, der hinter ihm stand, flüsterte ihm zu, ein paar Dollars in den Pass zu legen. Er langte nach seiner Brieftasche, nahm eine Dollarnote heraus, tat sie in den Pass und reichte diesen wieder dem Passbeamten. Der Beamte schaute wieder in den Pass, nahm das Geld unter dem Tisch, an dem er saß, heraus, reichte den Pass wieder zurück an meinen Chef und sagte: »It looks a little bit like you.« Der Mann tat mir leid, aber er hatte keine Wahl, raus mit der Brieftasche, wieder eine Dollarnote – ich weiß nicht, in welcher Höhe – hinein in den Pass und überreichen an den Beamten. Nun wurde der ohne Verzug gestempelt. Ich kam ohne Probleme durch die Kontrolle und wir machten uns auf den Weg zur Gepäckausgabe.

Blinde Passagiere

An Bord des M/S »Port Harcourt«: Am 7. April 1984 verließen wir den Hafen Abidjan (Elfenbeinküste).

Vor dem Auslaufen hatten wir alle Ecken und Winkel, alle leeren Kammern, die Laderäume, soweit zugänglich, und das Hauptdeck zwischen den dort stehenden Containern nach *stowaways* (blinden Passagieren) durchsucht. Wir fanden nichts.

Wir hatten uns fast drei Monate an der westafrikanischen Küste herumgetrieben und, von New York kommend, die Häfen Dakar, Monrovia, Lome, Tema, Cotonou, Douala, Lobito und Luanda angelaufen. In Luanda lagen wir über einen Monat. Wir löschten dort Hilfsgüter aus den USA und Kanada. Vor allen Dingen Secondhand-Kleidung und Reis in Säcken. Das dauerte so lange, weil man nicht genug Lastwagen hatte, um die gelöschte Ladung von der Pier fortzutransportieren. Nun, auf der Reise nach Rotterdam, sollte Abidjan unser letzter afrikanischer Hafen sein. Vorher hatten wir, von Luanda kommend, noch die Häfen Lagos und Onne angelaufen. In Tema hatte ich mir einen jungen Graupapagei gekauft und ihm den Namen »Tema« gegeben.

Zwei Tage nach dem Verlassen von Abidjan, am 9. April gegen 23 Uhr, ging einer der Matrosen in die Mannschaftsmesse, um sich etwas aus dem Kühlschrank zu holen. Zu seiner Verblüffung stieß er dort auf einen Schwarzen, der ihm zuvorgekommen war und sich eben aus dem Kühlschrank bediente. Der Matrose rief von der Messe aus die Brücke an, man informierte mich, und ich ging runter in die Messe, um mir den ungebetenen Gast anzuschauen, den offenbar Hunger und Durst aus seinem Versteck getrieben hatte. Es erwartete mich ein schlanker junger Mann, Anfang 20. Er gab mir zu verstehen, er sei nicht der Einzige, zwei Kollegen seien noch auf Warteposition an Deck.

Wir gingen zusammen an Deck und er rief nach seinen Freunden, die sich zwischen den Containern versteckt hatten. Hervor kamen zwei magere Gestalten. Natürlich hatte keiner von ihnen irgendwelche Papiere, keinen Pass, nichts. Immerhin gaben sie mir ihre Personalien preis. Sie hießen Umaru Barrie, Feli Cone und Tbriuma Sylla und waren 20, 22 und 28 Jahre alt. Herr Barrie stammte aus Guinea, die beiden anderen Genossen von der Elfenbeinküste.

Sie behaupteten, an Land in einen leeren Container gestiegen zu sein, von dem sie wussten, dass er an Bord geladen werden sollte. Ich bat sie, mir den Container zu zeigen, und sie taten das. In diesem Container fanden wir noch einen leeren Wasserkanister. Dieser Container ist aber in Abidjan nie an Land gewesen. Außerdem wären sie wohl kaum das Risiko eingegangen, in einen Container zu steigen, von dem sie nicht wussten, wo an Bord er später stehen würde, zum Beispiel irgendwo in der Mitte, Tür an Tür mit einem anderen Container, aus dem herauszukommen dann nicht möglich gewesen wäre. (Aber auch solche Dummheiten kommen vor, in Abidjan erzählte mir unser Agent, man habe vor ein paar Tagen von einem Frachter zwei Tote geborgen, die den Fehler begangen hatten, sich in einem Tiefkühlladeraum zu verstecken.)

Nach meiner Meinung wird es sich folgendermaßen abgespielt haben: In Abidjan wurde Tag und Nacht rund um die Uhr geladen. Für die Nacht hatte der 1. Offizier zwei Matrosen und den 2. Offizier zur Wache eingeteilt. Die waren vollauf damit beschäftigt, auf den Containern herumzuturnen und diese zu sichern, wir hatten keine Laschgang von Land. An der Gangway stand zwar ein Wachmann, aber wegen der niedrigen Höhe der Bordwand ist es leicht möglich, auf circa 60 Meter Länge, mit einem kleinen Schritt, an Bord zu steigen. Ich nehme an, die drei taten diesen Schritt. Und dann müssen sie noch einen Helfer gehabt haben, vielleicht einen Hafenarbeiter. Sie suchten sich einen passenden Container aus, bezogen den, und der Helfer schloss dann von außen die Tür auf die Weise, dass die Stangen für den Verschluss unten und oben nicht einrasteten, der Verschlusshebel aber quergelegt wurde. Da muss man schon sehr genau hinsehen, um zu merken, dass der Container nicht verriegelt ist. Zumal wenn man sich einen Container aussucht, der nicht in der ersten, sondern in der zweiten Lage an Deck steht. Dort ist noch einigermaßen leicht hinein- und hinauszukommen, aber der nur unvollkommene Verschluss ist schwer zu entdecken.

Die drei erzählten mir, dieses sei nicht der erste Versuch, auf einem Schiff nach Europa zu gelangen; einer der drei schwärmte von einer Reise auf einem deutschen Schiff bis nach Südamerika und zurück.

Sie wussten, das Schiff würde direkt Rotterdam anlaufen, und so hatten sie zwei Tage ausgeharrt, um sicherzugehen, zu weit von der afrikanischen Küste entfernt zu sein, um noch irgendwo an Land gesetzt zu werden. Ich ließ sie in dem Glauben und verfrachtete sie in eine leere Kabine.

Das Brüsseler Abkommen vom 10. Oktober 1957 besagt, dass jeder der Unterzeichnerstaaten sich verpflichtet, blinde Passagiere, im Amtsdeutsch »Einschleicher«, zu übernehmen und zu repatriieren. In der Hoffnung, Senegal sei diesem Abkommen beigetreten, setzte ich mich über Telex mit unserer Versicherung in Dakar, Smith & Kraft, in Verbindung, schilderte ihnen unser Problem und bat um Unterstützung. Die wurde mir zugesagt.

Wir würden auf unserem Weg nach Norden Dakar ohnehin in nicht sehr großer Entfernung passieren. Wir erreichten Dakar Reede am 11. April 1984 um 05:40 Uhr und ankerten. Die drei Schwarzen waren kurz vorher aus ihren süßen Träumen gerissen worden. Relativ gelassen akzeptierten sie die neue Lage. »Next time more luck«, sagte der eine. Unser Agent und drei Herren von der Einwanderungsbehörde erschienen um 07:10 Uhr. Eine halbe Stunde später war der Papierkram bei einer Tasse Kaffee erledigt. Die Herren verließen zusammen mit unseren ungewollten Passagieren das Schiff, wir hievten den Anker und setzten unsere Reise fort.

Cupidos Pfeil

Wie mehrere Geschichten spielt auch diese auf M/S »Gothia«. Es ist sehr lange her, aber um niemand zu verletzen, werde ich keine Klarnamen nennen und auch Zeit und Orte der Handlung verändern, aber nicht den Ablauf selbst. Es war im Hochsommer, Ende der Siebzigerjahre. Das Schiff lag in Hamburg und lud Güter für Häfen in Griechenland. Der Zweite Offizier, Herr Hagen S., hatte mich einige Tage vorher gefragt, ob er seine Verlobte, Jutta M., für eine Rundreise, die circa sechs Wochen dauern sollte, mitnehmen dürfe. Fräulein M., eine hübsche, 19-jährige Blondine, war Studentin an der Uni Hamburg und studierte auf Lehramt. Fräulein M. wollte die Semesterferien nutzen, um eine Weile bei ihrem Verlobten sein zu können.

Ich gab meine Einwilligung und die junge Dame kam kurz vor Abfahrt des Schiffes an Bord. Sie bekam keine eigene Kabine, sondern wohnte bei ihrem Verlobten, der nur wenige Jahre älter war als sie.

Nach dem Auslaufen zeigte sich das Meer von seiner schönsten Seite. Das Wetter war prächtig, ruhige See und klare Sicht. Das Schiff lief etwa 15 Knoten. Gibraltar, ungefähr 1.600 Seemeilen (2.960 km) von Hamburg entfernt, passierten wir nach viereinhalb Tagen. Es war an einem Samstag, für den Abend hatten wir eine Grillparty angesagt, die auf dem Bootsdeck stattfinden sollte. Beim Schiffshändler in Hamburg hatten wir ein Spanferkel bestellt, ich stiftete zwei Kartons Bier, der Erste Offizier und der Erste Ingenieur Korn und Weinbrand. Als die Party um 19 Uhr begann, waren alle Besatzungsmitglieder bis auf die Wachgänger dabei.

Es war ein schöner, subtropischer Abend. Der Elektriker hatte am Nachmittag eine bunte Lichterkette gespannt und eine Stereoanlage mit großen Lautsprechern installiert, aus denen bald laute Popmusik wummerte. Der Koch drehte das Spanferkel am Spieß über dem Grill und ließ sich ab und zu ablösen, um sich eine Flasche Bier zu genehmigen. DerErste Offizier stieß kurz nach 20 Uhr nach Ende seiner Wache zu uns, wie auch die beiden Seeleute, die zu seiner Wache gehörten. Die Leute der 8–12-Wache, die eben abgelöst worden waren, genehmigten sich ihr erstes Bier. Der Zweite Offizier würde um Mitternacht seine Wache antreten und hielt sich deswegen, ebenso wie die zwei Seeleute seiner Wache, mit dem Genuss von Alkohol stark zurück. Er trank nur ein einziges Bier. Seine Verlobte genoss es wohl, die einzige Frau an Bord zu sein und viele aufmerksame Blicke auf sich zu ziehen. Da sie kein Bier trank, hatte ich für sie eine Flasche Rotwein geöffnet.

Die Stimmung wurde ausgelassen und die Party wollte kein Ende nehmen. Kurz vor Mitternacht ging der Zweite Offizier, Herr Hagen S., auf die Brücke und löste den Dritten Offizier, Klaus R., ab, der sich nun kurz nach Mitternacht mit seinen beiden Seeleuten zu uns gesellte. Die Verlobte des Zweiten Offiziers wollte noch ein bisschen bleiben. Ich verließ die Party gegen halb eins, ging noch einmal kurz auf die Brücke, wie ich das immer vor dem Schlafengehen tat, und ging dann in meine Kabine, ein Deck tiefer. Ich ging zu Bett und war bald eingeschlafen.

Für das weitere Geschehen kann man nicht den Klabautermann verantwortlich machen, es war wohl eher ein Cupido, der mit Giftpfeilen auf zwei Menschen schoss und sie so verblendete. Als der Zweite Offizier morgens um vier Uhr vom Erste Offizier abgelöst wurde und zu seiner Kabine ging, fand er seine Verlobte Jutta dort nicht vor. Er ging zum Bootsdeck, wo immer noch zwei Leute beim Bier saßen. Auf seine Frage, ob man wisse, wo seine Verlobte sei, sagte man ihm, die habe ungefähr um zwei Uhr zusammen mit dem Ingenieurassistent Volker D. die Feier verlassen. Herr Hagen S. begab sich darauf zur Kabine des Herrn Volker D. und klopfte dort an die Tür. Man öffnete ihm nicht, aber durch die geschlossene Tür rief Fräulein Jutta M., er möge fortgehen, sie bleibe bei Volker. Ich kann mir vorstellen, wie es in diesem Moment in Herrn S. aussah. Er hatte keine Wahl und begab sich allein zu seiner Kabine. Wie er mir später sagte, habe er für den Rest dieser Nacht keinen Schlaf gefunden.

Am nächsten Morgen begab ich mich vor dem Frühstück auf die Brücke und erfuhr dort von den Ereignissen. Als ich etwas später in meiner Kammer am Schreibtisch saß, klopfte es an der Tür und der Ingenieurassistent Volker D. und die junge Dame baten um eine Unterredung. Ich ließ sie eintreten, wir setzten uns an einen Tisch, es herrschte eine Weile unbehagliches Schweigen, dann ergriff Herr D. das Wort. Er informierte mich über das Geschehene, was mir ja schon bekannt war, und sagte mir dann, dass die junge Dame für die weitere Reise bei ihm wohnen werde. Sie brauchten meine Zustimmung nicht. Ich sagte ihnen aber, ich müsse erst mit dem Zweiten Offizier darüber sprechen, wie es weitergehen könne. Dieses Gespräch fand eine Stunde später bei mir statt. Der arme Kerl war total durch den Wind, hatte Tränen in den Augen, bemühte sich aber, tapfer einigermaßen Haltung zu bewahren. Bei unserem Gespräch kamen wir schnell zu einem einvernehmlichen Resultat.

Ich ließ Volker D. und Fräulein M. zu mir kommen und informierte sie, dass im nächsten Hafen die Reise für die junge Dame zu Ende sei, ihr Verlobter werde für sie einen Flug von dort nach Hamburg organisieren. Ich erklärte ihnen, es sei für den Betrogenen unerträglich, dreimal am Tag, bei den Mahlzeiten Fräulein M. und ihrem neuen Liebhaber in der Messe direkt gegenübersitzen zu müssen. Fräulein M. sei als Gast des 2. Offiziers an Bord gekommen, diese Grundlage bestehe nun nicht mehr.

Für die weiteren Tage versuchte man sich, so gut es ging, aus dem Wege zu gehen. Auf einem relativ kleinem Schiff nicht immer erfolgreich. Athen, etwa 1.480 Seemeilen von Gibraltar entfernt, erreichten wir nach vier Tagen. Über Funk hatte Herr Hagen S. einen Flug nach Hamburg für Fräulein M. organisieren lassen. Ein Mann von der Agentur holte sie bald nach unserer Ankunft ab. An der Gangway gab es einen tränenreichen Abschied von ihrem neuen Lover.

Hier könnte die Geschichte zu Ende sein, aber das ist sie nicht. Einige Jahre später traf ich Herrn Hagen S. zufällig wieder. Mittlerweile war er zum 1. Offizier aufgestiegen. Wir unterhielten uns über die alten Zeiten, und als ich fragte, ob er mal etwas von Fräulein M. gehört habe, hob er die rechte Hand, an der ein Ehering schimmerte, und verblüffte mich mit der Antwort, aus Fräulein M sei mittlerweile Frau S. geworden. Er hatte ihr vergeben und sie waren wieder vereint. Zu guter Letzt ein Happy End.

Ein neuer Job und andere Bemerkungen

Ende Februar 1989. M/S »Gotland« lag vor dem syrischen Hafen Tartus auf Reede vor Anker und wartete auf einen Liegeplatz an der Pier. Wir waren nicht die Einzigen, circa zehn andere Schiffe warteten ebenfalls. Darunter waren außer uns noch zwei weitere von der Reederei Mare gecharterte Schiffe. Alle Schiffe warteten darauf, einen Liegeplatz im Hafen zu bekommen. Ich erinnere mich nur noch an den Namen eines dieser Schiffe, es hieß »Panama« und fuhr unter dänischer Flagge. Am Morgen des Ankunftstages bekam ich über UKW einen Anruf von der »Panama«. Die zwei anderen für Mare fahrenden Schiffe wurden ebenfalls gerufen, es fand eine Art Funkkonferenz statt. Am UKW-Gerät der »Panama« sprach der Reeder, Herr W. G. Er hatte sich mit einem Schnellboot von Zypern herüber auf das Schiff bringen lassen, jedenfalls soweit ich mich erinnere. Nach der Begrüßung wandte er sich zuerst an die anderen Kapitäne, mit der Bitte, sich um 16 Uhr des gleichen Tages zu Gesprächen auf der »Panama« einzufinden. Beide sagten ihm das zu. Nun bat er mich um dasselbe. Ich antwortete ihm höflich, hinüber-laufen könne ich nicht, und wegen des auflandigen Windes mit circa fünf Beaufort Stärke und der daraus resultierenden Wellenhöhe würde ich es ohne Not nicht riskieren, eines unserer Rettungsboote zu Wasser zu lassen. Herr S. stutzte und bat um einen Moment Zeit. Er beriet sich wohl mit dem dänischen Kapitän. Dann meldete er sich wieder und teilte uns mit, das Treffen sei für diesen Tag abgeblasen und man werde Weiteres sehen.

Am nächsten Tag war die See spiegelglatt und ein Treffen auf »Panama« wurde für 15 Uhr geplant. Rechtzeitig ließen wir ein Boot zu Wasser und mit zwei Seeleuten und mir bemannt. »Panama« lag, nur eine halbe Seemeile von uns entfernt, vor Anker und wir erreichten das Schiff nach wenigen Minuten. Ich ließ die beiden Seeleute im Boot warten und stieg die Lotsentreppe hinauf an Bord. Die anderen Kapitäne waren schon vor mir angekommen. Wir bekamen einen Kognak und ein Bier angeboten. Wir diskutierten über die Besonderheiten dieses Fahrtgebietes, stellten und beantworteten Fragen und tranken noch ein oder zwei Gläser Kognak. Nach einer guten Stunde wurden wir von Herrn S. entlassen. Als wir aufstanden und ihm zum Abschied die Hand schüttelten, bat er mich, noch einen Augenblick zu warten. Ich setzte mich wieder. Unter vier Augen sagte er mir, er sei kein Seemann und habe die Wetterlage am Vortag nicht einschätzen können. Er finde es gut, dass ich ihm widersprochen hatte, und ob ich nicht Lust habe, in Zukunft direkt für ihn auf einem der reedereieigenen Schiffen zu arbeiten. Angestellt wäre ich aber bei einer Crewing-Agentur in Zypern. Spontan sagte ich zu. Die Personalpolitik des Reeders, bei dem ich angestellt war, und einige unschöne Ereignisse – ich werde an anderer Stelle darüber berichten – machten mir den Entschluss leicht.

Ein neuer Job, aus dem nichts wurde

Wir waren jung, meine Frau und ich, und wir schmiedeten Pläne. Unsere Lieblingsfantasie beschäftigte sich mit dem Thema Auswanderung oder Arbeiten in einem anderen Land, vorzugsweise in einem Land mit viel Sonnenschein, Palmen, viel Meer und subtropischem Flair. Konkret taten wir aber nichts, um diesen Traum zu verwirklichen. Eigentlich waren es mehr die Pläne meiner Ehefrau.

Dann kam der Tag, an dem aus dem Traum Wirklichkeit werden sollte. Im Juni des Jahres 1981 lagen wir, von Bengasi in Libyen kommend, im Hafen von Hamburg. Meine liebe Frau Vera war von Lilienthal angereist und leistete mir für ein paar Tage Gesellschaft. Das Crewmanagement, also die Besetzung des Schiffes mit Personal, erfolgte damals durch eine Firma aus Limassol. Das geschah aus steuerlichen Gründen, die leitenden Angestellten waren Deutsche.

Ich saß mit meiner Frau bei einer Tasse Tee in meiner Kabine, als es an der Tür klopfte und der leitende Direktor dieser Firma, der aus Limassol angereist war, eintrat. Nach ein bisschen Smalltalk kam Herr S. zur Sache. Er machte mir das Angebot, für die Firma in Limassol als Personalmanager zu arbeiten. Er erwähnte ein relativ hohes Anfangsgehalt von 5.000 DM, steuerfrei. Natürlich solle ich meine Familie mitnehmen. Man werde uns in Limassol eine Bleibe organisieren und den Umzug bezahlen. Wenn ich später mit dem Job nicht zufrieden sei, werde man auch den Umzug zurück in die Heimat organisieren.

Ich bat um eine Nacht Bedenkzeit, die mir gewährt wurde. Als Herr S. das Schiff verlassen hatte – er würde am nächsten Morgen wiederkommen –, besprachen wir bei einer Flasche Rotwein die Angelegenheit. Schnell kamen wir zu dem Schluss, dieses Angebot sei genau das, was unseren Träumen nahekomme. In einem Land zu leben, in dem andere Urlaub machen, unter südlicher Sonne am Meer. Und die Familie wäre vereint. Es gäbe nicht mehr die Abwesenheit des Familienvaters für mehrere Monate. Wir sagten zu.

Am nächsten Morgen teilte ich unseren Entschluss dem Herrn S. mit. Nun wurde Folgendes vereinbart: Ich solle am nächsten Tag mit einem von der Firma gestellten PKW mein Gepäck nach Hause bringen. An Bord behalten solle ich nur das, was ich für ein paar Tage benötige. Ich solle das Schiff noch bis zum nächsten Hafen, London, führen. Dort werde ich dann abgelöst, könne einen kurzen Urlaub antreten, und danach werde man den Umzug nach Zypern organisieren.

Meine liebe Ehefrau fuhr am Abend nach Hause. Ich packte meine Sachen, belud damit den PKW und folgte ihr am nächsten Morgen. Ich trat ins Wohnzimmer ein. Da saß meine liebe Frau heulend auf dem Sofa und verkündete mir schluchzend, sie wolle nicht nach Zypern, um keinen Preis wolle sie dorthin. Ich nahm es gelassen, ihre Argumente waren nicht ganz von der Hand zu weisen. Wie wäre es für die Kinder mit der Schule? Die Möbel? Wäre in der neuen Bleibe Platz für alle? Unser Haus, solle man es vermieten oder verkaufen? Es gab noch andere Argumente, die ich nicht alle erwähnen will. Ich verstand sie und musste ihr in manchem recht geben. Ich ging ans Telefon, rief Herrn S. in seinem Hotel an und setzte ihn über die neue Entwicklung in Kenntnis. Ohne meine Familie in Limassol zu arbeiten, was möglich gewesen wäre, kam für mich nicht infrage. Ich hatte den Eindruck, dass Herr S. mich verstand. Noch am gleichen Tag fuhr ich mit dem Gepäck wieder zurück nach Hamburg. Übrigens, der Begriff »Auswanderung« gehörte fortan nicht mehr zu unserem Wortschatz.

Die Geschichte war damit aber noch nicht zu Ende. Ich hatte ja am Vortag dem Reeder, der mich im Februar 1989 auf der Reede von Tartus angeworben hatte, erzählt, dass ich das Schiff in London verlassen werde, um in Zukunft in Limassol zu arbeiten. Als ich ihn nun über die geänderte Sachlage informierte, bot er mir an, direkt für ihn als Supercargo und Repräsentant zu arbeiten. Ich sagte sofort zu. Mein Arbeitsplatz war der Firmensitz in Hamburg, eine Villa an der Elbchaussee. Ich verkaufte der Reederei meinen VW Passat, den ich nun weiter als Firmenwagen nutzte. Ungefähr die Hälfte der Zeit arbeitete ich in Hamburg, morgens mit dem PKW hin, abends zurück. Die andere Zeit war ich unterwegs, belud Schiffe in den verschiedenen Häfen, die ich entweder im Auto oder im Flugzeug erreichte, oder versuchte zumeist in Libyen zusammen mit einem Kollegen aus der kaufmännischen Abteilung die Behörden zu bewegen, eines der auf der Reede wartenden Schiffe der Reederei beschleunigt in den Hafen zu holen. In dem Land, in dem Muammar al-Gaddafi noch der unumstrittene Herrscher war, gefiel es mir ganz gut. Ich hatte den Eindruck, dass die meisten Menschen den Mann verehrten, hatte er doch durch die Ölexporte einen gewissen Wohlstand geschaffen. Manches war aber auch recht skurril.

Ein kleines Beispiel darüber, wie es bei der Einreise in Tripolis zuging. Bei der Passkontrolle wurde schon gecheckt, ob jemand nach Alkohol roch. Wenn das der Fall war, was ich aber nicht erlebt habe, gab es doch auf der Hinreise im Flugzeug keinen Alkohol, wurde der Passagier sofort mit dem gleichen Flieger zurückgeschickt. Zum Passieren der Sicherheitsschleusen musste man sich halb ausziehen, seltsamerweise gingen Frauen ohne jede Kontrolle durch die Schleusen. Der Zoll war streng, das Gepäck wurde gründlich untersucht. Wehe, man entdeckte Alkohol im Koffer oder im Handgepäck. Alle Zeitschriften wurden ohne Kommentar sofort konfisziert und in einem großen Abfallbehälter hinter dem Zollbeamten entsorgt. Mir aber gelang es oft, den »Spiegel« oder den »Stern«, mit ins Hotel zu nehmen. Der Oberst hatte ein kleines Buch mit dem Titel »Das grüne Buch« verfasst. Exemplare dieses Machwerks lagen zur kostenlosen Mitnahme auf Tischen im Flughafen. Ich hatte mir ein englischsprachiges Exemplar besorgt und kurz hineingeschaut. Es enthielt eine krude Mischung aus marxistischen und nationalistischen Thesen. Dieses Büchlein legte ich zuoberst in meinen Koffer, der »Spiegel« oder »Stern« steckte weiter unten unter ein paar Hemden. Es lief dann meistens so ab: Der Koffer lag auf dem Tisch. Ich öffnete ihn, und der Blick des Zollbeamten fiel sofort auf Gaddafis Meisterwerk. Ich erntete ein strahlendes Lächeln, durfte ohne weitere Kontrolle meinen Koffer schließen und wurde durchgewinkt.

Es war eine anstrengende Zeit, die ich aber nicht missen möchte. Ich hatte viel mit Menschen zu tun und es gab wenige Situationen, auf die ich gerne verzichtet hätte. Ein Beispiel möge hier folgen. Die Reederei hatte ein holländisches Schiff gechartert. Es war im Dezember. Ich sollte als Vertreter der Reederei das Schiff besuchen, den Kapitän über die Firmenpolitik informieren und mir über ihn und das Schiff einen ersten Eindruck verschaffen. Die Entfernung von Bremen bis zum Hafen in Rotterdam beträgt etwa 500 Kilometer. Ich fuhr etwa um vier Uhr morgens in Bremen los und stieg müde und gierig nach einer Tasse Kaffee um neun Uhr die Gangway des Schiffes hoch. Im Schiff stieg ich hoch zur Kabine des Kapitäns und klopfte an die Tür. Als die Tür geöffnet wurde, stellte ich mich vor und überreichte dem Kapitän meine Visitenkarte, auf der stand »Owner's Representative« (Repräsentant des Reeders). Der Kapitän übersah meine ausgestreckte Hand, musterte mich mürrisch und sagte: »You may talk to my chiefmat.« (Sprechen Sie mit meinem Ersten Offizier.)

Ich tat das nicht, verzichtete auf den Kaffee, verließ sofort das Schiff und fuhr direkt zu meinem Hotel. Von dort rief ich den Reeder, meinen Chef, an und berichtete ihm darüber, was mir widerfahren war. Ich ging nicht noch einmal an

Bord, fuhr direkt nach Hamburg zum Büro und widmete mich anderen Aufgaben. Wie ich später erfuhr, wurde der Kapitän im nächsten Hafen von einem anderen Kapitän abgelöst. Was mich besonders freute: Der unfreundliche Kapitän hatte den Begrüßungsbonus von eintausend DM, die ich ihm hätte überreichen sollten, nicht erhalten. Jemand erzählte mir später, die Familie des Mannes habe im letzten Krieg wohl unter den deutschen Besatzern gelitten.

Im Allgemeinen wurde mir in allen Ländern freundlich entgegengetreten. Seltsamerweise wurde ich mehrmals in einem Land als »Nazi« beschimpft, das als neutrales Land überhaupt nicht unter den Deutschen gelitten hatte: Schweden. Im Gegensatz dazu wurde ich in Israel außerordentlich freundlich und zuvorkommend behandelt. Es waren ältere Manager der israelischen Reederei »Zim Line«, für die ein Schiff der Reederei verchartert war, auf dem als Kapitän zu fahren ich die Ehre hatte. Sie sprachen perfekt Deutsch, bei einem schimmerte noch das Berlinerische durch. Der »Berliner« kam im Hafen von Haifa häufiger an Bord als notwendig. Ich hatte den Eindruck, es ging ihm darum, sich in der Sprache seiner alten Heimat zu unterhalten, aus der seine Familie vor den Nationalsozialisten fliehen musste. Während einer Reise hatte ich meine Frau und meinen Sohn dabei. Man organisierte für uns einen Tagesausflug mit einem PKW und Fahrer, der uns durch große Teile des kleinen Landes führte. Unter anderem sahen wir uns Jerusalem und Bethlehem an. In Jerusalem sahen wir uns den Felsendom, die Grabeskirche und die Klagemauer an, in Bethlehem die Geburtskirche.

Unter Beschuss

Ich war wieder einmal Kapitän auf M/S »Gothia«, dem Schiff, auf dem ich mit Unterbrechungen gute acht Jahre Dienst getan habe. Das Schiff war von der jungen Reederei »Contimar« gechartert worden und wurde im Verkehr zwischen mitteleuropäischen Häfen und der Levante eingesetzt. Wir waren, mit einer vollen Ladung Mercedes Chassis von Antwerpen nach Tartus, in Syrien gefahren. Nach dem Löschen der Chassis (Lastwagen ohne Aufbau) erhielten wir den Auftrag, den libanesischen Hafen Tripoli anzulaufen, um dort Container, mit Baumwollballen beladen, bestimmt für Antwerpen, an Bord zu nehmen. Am 29. März 1976 erreichten wir diesen Hafen. Im Libanon herrschte damals ein Bürgerkrieg. Ich fragte bei der Reederei an, ob es für die Besatzung, wie im

Tarif vorgesehen, für die Zeit des Aufenthalts in einem Kriegsgebiet eine Heuererhöhung gäbe. Man lehnte das ab mit der Begründung, im Libanon gäbe es laut Definition keinen Krieg, da es von keiner Seite eine Kriegserklärung gegeben habe. Ein gewichtiges Argument, welches aber der herrschenden Sachlage, wie es sich herausstellen sollte, keine Rechnung trug.

Der Hafen und die Stadt Tripoli befanden sich damals fest in der Hand der PLO und anderen linksorientierten Kräften. Man erklärte mir, die gegnerischen Falangisten, also maronitischen Christen, hielten nur noch einige kleine Stellungen in den Bergen. Es war vereinzelt Gewehrfeuer zu hören. Weit entfernt auch Einschläge von großkalibrigen Waffen. In der Nacht vor unserer Ankunft waren in der Nähe des Hafens mehrere Tanks einer Ölraffinerie in Brand geschossen worden.

Wir lagen also an der Pier und luden die Container mit der Baumwolle. Dazu wurden die bordeigenen Kräne benutzt. Am 30. März um 12:45 Uhr war das Schiff beladen und zum Auslaufen bereit. Die Lotsen erklärten mir, ein Auslaufen sei zurzeit nicht möglich, der starke auflandige Wind, etwa acht Beaufort, mache das zu gefährlich. Um 15 Uhr teilte man mir dann mit, vor sechs Uhr am nächsten Morgen könne man nicht auslaufen. Etwa 100 Meter vor uns lag ein russisches Schiff an der Pier. Wie mir unser Agent mitteilte, löschten sie Waffen und Munition. Empfänger war die PLO. Am späten Nachmittag gegen 17 Uhr standen der Erste Offizier und ich in der Steuerbord Brückennock und unterhielten uns. Plötzlich gab es einen scharfen, peitschenden Knall. Etwa 30 Meter von der Steuerbord Bordwand entfernt schoss eine Wasserfontäne in die Höhe. Ein paar Sekunden später erfolgte ein zweiter Einschlag, dieses Mal drei bis fünf Meter von der Bordwand entfernt. Es dauerte einen Moment, bis wir realisierten, was da geschah. Wir rannten ins Ruderhaus und gaben Generalalarm. »Alle Mann von Bord!«, ordnete ich an. So geschah es, wir liefen zum nächsten Schuppen, etwa 50 Meter entfernt vom Schiff, und warteten einige Zeit ab. Nichts Weiteres geschah, und so kehrten wir um 17:45 Uhr an Bord zurück. Ich beschloss, so bald wie möglich den Hafen zu verlassen. Ich hatte keine Verbindung zur Agentur, meine Bitte über UKW, einen Lotsen an Bord zu schicken, wurde abgelehnt. Also machten wir die Maschine klar, warfen die Leinen los und verließen den Hafen. Dabei half uns ein Boot der PLO, das achtern festmachte und uns von der Pier zog. Durch Winken hatte ich auf uns aufmerksam gemacht. Ein anderes Schiff, welches ebenfalls den Hafen, auf eigene Faust, verließ, war dabei wohl auf einen Felsen geraten, hatte sich einen Tank aufgerissen und ließ eine Ölspur hinter sich.

Auf See stellten wir fest, dass aus der Luke von Laderaum Nummer eins Rauch aufstieg. Zusammen mit dem Ersten Offizier stieg ich die steilen Stufen in den Laderaum hinab. Schnell stellten wir fest, dass sich in der Bordwand der Steuerbordseite, oberhalb der Wasserlinie, etliche kleinere Löcher befanden. Aus einem der mit Baumwolle beladenen Container drang Rauch aus mehreren Löchern. Ich setzte mich über Funk mit dem Charterer in Verbindung und schlug vor, den Hafen Limassol auf Zypern anzulaufen. Man stimmte zu und versprach, alles Notwendige zu veranlassen. Die Entfernung von Tripoli bis Limassol beträgt etwa 120 Seemeilen. Nach etwa acht Stunden erreichten wir Limassol. Als wir an der Pier längsseits gingen, wartete schon die Feuerwehr auf uns. Die Luke wurde geöffnet und der Container, aus dem der Rauch drang, wurde gelöscht (in doppeltem Sinn). Wir aber hielten uns nicht lange im Hafen auf und machten uns auf die Heimreise nach Antwerpen. Die Löcher in der Bordwand wurden von der Crew auf See provisorisch verschweißt. Die endgültige Reparatur erledigte eine Firma in Antwerpen.

Was war in Tripoli geschehen? Die in den Hügeln sitzenden maronitischen Christen hatten mit Raketen auf den Hafen von Tripoli geschossen, der in den Händen der muslimischen PLO war. Vielleicht hatten sie Kenntnis vom russischen Schiff, dessen Ladung zumindest teilweise aus Waffen und Munition bestehen sollte. Nicht auszudenken, was passiert wäre, hätte man dieses Schiff mit einer Rakete getroffen. Ich weiß auch nicht, ob die Christen in den Hügeln nur auf den Hafen gezielt haben, denn während der Zeit, in der wir abwartend an Land warteten, hörten wir auch Detonationen in der Stadt.

Nach Beirut und zurück

Meine Frau hatte die letzte Rundreise nach Irland mitgemacht. Nun führte ich wieder das Dasein als Junggeselle auf Zeit. Das Schiff, M/S »Hammedeich«, hatte in Newport Kohle geladen, die Laderäume waren entsprechend verschmutzt. Einen vollen Tag war die Besatzung damit beschäftigt, die Räume zu waschen. Am 29. Juni 1983, meinem Geburtstag, verholten wir das Schiff vom Spoorweghafen, wo wir die Kohle gelöscht hatten, zur Parkkade, wo wir bunkern sollten. Das Schiff musste im 90 Meter breiten Hafenbecken gedreht werden. Das Schiff war 88,5 Meter lang. Da bleibt nicht viel Freiraum. Die Reederei war knapp bei Kasse, deswegen hatte ich nur einen Schlepper für das Drehmanöver bestellt. Das machte den Hafenlotsen wütend, der gern zwei Schlepper beschäftigt hätte. Aber das Drehen ging ganz gut. Ich ließ achtern eine Leine fest, vorn zog der Schlepper und drehte das Schiff in die gegensätzliche Richtung.

Nach dem Bunkern liefen wir aus. Am nächsten Morgen, am 1. Juli 1983, waren wir in Dünkirchen, wo wir 2.000 Tonnen Stahl für Beirut luden. Am Tag darauf, dem 2. Juli 1983, verließen wir den Hafen bei klarer Sicht. Doch etwas später war es pottendick. Nebel! Das war unangenehm, weil wir in Richtung Westen auf die andere Seite des englischen Kanals mussten, quer durch den Verkehrsstrom und das Verkehrstrennungsgebiet. Ich saß die ganze Nacht vor dem Radarschirm bis morgens um sechs Uhr. Dann klarte es auf und ich legte mich hundemüde für ein paar Stunden in meine Koje.

Wir hatten auf diesem Schiff keinen Funker. Ich erledigte den gesamten Sprechfunkverkehr auf Grenzwelle mit den Küstenfunkstationen, in diesem Fahrtgebiet Norddeich Radio. Spät am Abend hörte ich noch einmal den Sammelanruf ab. Wir waren auf der Liste. Ich stellte den Sender ein und rief Norddeich Radio. Die Verbindung kam schnell zustande. Man verband mich telefonisch mit der Reederei. Man war heilfroh, mich noch so spät am Abend zu erreichen. Das Schwesterschiff der »Hammedeich«, M/S »Wümmedeich«, trieb mit defekter Maschine in der Biskaya. Man fragte mich, ob es für uns möglich sei, das Schiff zum spanischen Hafen Santander zu schleppen. Ich bestätigte das und ließ mir die Position des Schiffes geben.

Am 4. Juli 1983 um halb neun erreichten wir das träge in der Dünung schaukelnde Schwesterschiff. Ich sagte dem Kollegen-Kapitän, wie ich mir das Manöver vorstellte, und so wurde es auch gemacht. Sie hatten in Luv einen Rettungsring über Bord geworfen, an dem eine dünne lange Leine befestigt war.

Das hochbordige Schiff trieb stärker in der frischen Brise als der Rettungsring, sodass sich die Entfernung zwischen Ring und Schiff schnell vergrößerte. Nun fuhren wir langsam an den Ring heran, ließen ihn auf unserer Leeseite und fischten ihn auf. An die dünne Leine befestigten wir eine dicke, schwimmfähige Trosse. Diese Trosse wurde von der Back der »Wümmedeich« herübergezogen und, meiner Anordnung folgend, an einem der beiden Anker befestigt. Bei uns an Bord war die Leine achtern belegt. Auf »Wümmedeich« wurde der Anker ein Stück zu Wasser gefiert und diente so zusammen mit der Ankerkette als Feder. Den Anker mit Kette hatten sie mit drei Kettenlängen, also 75 Meter, zu Wasser gefiert. Ein abruptes Einrucken, welches zum Brechen der Trosse führen könnte, wurde so verhindert. Wir nahmen eine Position vor der »Wümmedeich« ein und nahmen langsam Fahrt auf. Zum Glück war die See ruhig. Anfangs liefen wir etwa acht Knoten, die ich später aber aus Sicherheitsgründen auf fünf Knoten reduzierte, dann aber wieder auf acht Knoten erhöhte. Dass ein Frachtschiff ein anderes Frachtschiff zog, war sehr ungewöhnlich, das blieb normalerweise einem Schlepper vorbehalten. Noch am gleichen Abend erreichten wir Santander. Vor der Hafeneinfahrt warteten schon zwei Schlepper, denen wir die »Wümmedeich« übergaben, um dann unsere Reise nach Beirut fortzusetzen. Am 8. Juli 1983 passierten wir Gibraltar. Wir begegneten dem M/S »Buxtehude«, der Kapitän, ein guter Bekannter, berichtete mir, ein anderes Schiff unserer Reederei, das M/S »Lesum«, sei am 18. Juni 1983 in einem schweren Sturm in der Arabischen See gekentert. Die Ladung war übergegangen. Bis auf den Koch hatte sich die Besatzung retten können.

Am 16. Juli 1983 erreichten wir Beirut. Bürgerkrieg! Der Lotse erzählte mir, am Vortag sei es wieder mal zu Unruhen mit etlichen Toten gekommen. Am späten Abend zuckten Lichtblitze über den Horizont, danach hörte ich das Wummern. Man erzählte mir, von den syrischen Linien sei auf die Stadt geschossen worden. Am 19. Juli, wir lagen immer noch in Beirut, stand ich mit dem Agenten in der Nock. Dumpfes Grollen von See her, wo wir vor dem Einlaufen für einige Stunden geankert hatten. Wir sahen Wasserfontänen in die Luft steigen. In der Stadt sahen wir an verschiedenen Stellen schwarzen Rauch aufsteigen. Das seien die bösen Drusen, sagte mir der Agent, jeden Tag schossen sie ein paar Raketen auf die Stadt. Wie ich an anderer Stelle schreibe, hatte es mich auch schon erwischt, Jahre vorher, am 29. März 1976, auf einem anderen Schiff, im Hafen von Tripoli.

Ich war heilfroh, als wir in Ballast am Abend des gleichen Tages den Hafen verließen. Das nächste Ziel war die griechische Insel Milos. Dort luden wir 2.250 Tonnen Perlit, ein glasartiges Mineral, bestimmt für Gent in Belgien. In Gent waren wir am 3. August 1983, danach folgten noch ein paar andere Häfen, Flensburg, Rotterdam, Esbjerg und Cuxhaven. Dann trat das Schiff für diese Reederei seine letzte Reise an. Das Ziel war eine Werft in Svendborg, auf der dänischen Insel Fünen, die wir am 12. September 1983 erreichten. Das Schiff wurde verkauft und sollte für den neuen Reeder zu einem Viehtransporter umgebaut werden. Die ganze Besatzung verließ das Schiff. Nur ich blieb an Bord, im Besitz aller Schiffspapiere im Safe. Die sollte ich erst rausrücken, wenn das Finanzielle geregelt war und ich von der Reederei per Telefon »grünes Licht« erhielt. Alle Hilfsdiesel waren abgestellt, Strom wurde von Land geliefert. Es war spukhaft still an Bord, ab und zu sprang eine Pumpe an, und irgendwo tropfte Wasser. Es war noch ein wenig Proviant an Bord, davon bediente ich mich. Abends ging ich für eine warme Mahlzeit an Land. Am 17. September 1983 bekam ich die Order, die Schiffspapiere an den neuen Reeder auszuliefern. Das tat ich und fuhr noch am gleichen Tag mit dem Zug nach Hause.

Eine kleine Episode möchte ich hier noch erwähnen. Nach einem kurzen Urlaub bot mir eine Bremer Firma an, für sie als Reedereiinspektor und Supercargo zu arbeiten. Das Gehalt sollte 3.000 Dollar betragen, damals viel Geld. Die Schiffe, die zu beladen waren, gehörten einer Reederei aus dem Nahen Osten. Ich sagte zu. Aufhören konnte ich jederzeit, da ich nicht angestellt war. Ich arbeitete als selbständiger Experte.

Ich muss hier kurz erklären, wie mein Arbeitsverhältnis, auf einem Schiff unter einer Flagge, die nicht die deutsche ist, aussah. Ein deutscher Reeder hatte sein Schiff ausgeflaggt, sagen wir nach Zypern. Er beauftragte eine Firma in Limassol damit, das Schiff zu besetzen. Nehmen wir mich als Beispiel. Vorher war ich auf dem Schiff XY, als es noch unter deutscher Flagge fuhr, Kapitän. Ich war bei der Reederei fest angestellt. Das Schiff wurde ausgeflaggt. Man ließ mir die Wahl, eine Kündigung entgegenzunehmen oder weiterhin auf dem Schiff als Kapitän zu fahren, aber angestellt bei der Firma in Zypern, wobei »angestellt« nicht der richtige Begriff ist. Ich bekam einen Kontrakt, der nur für das eine Schiff galt, auf dem ich arbeiten sollte, sagen wir für sechs Monate. Danach machte ich Urlaub und bekam, wenn man mit mir zufrieden war, danach das nächste Schiff, das möglicherweise einem anderen Reeder gehörte. Das musste nicht unbedingt ein deutscher Reeder sein. Bezahlt wurde ich so, dass mein Nettoverdienst etwa dem eines Kollegen unter deutscher Flagge entsprach. Ich bekam also mehr, da ich selbst für meine Kranken- und Rentenversicherung sorgen musste.

Der 3. Oktober 1983 war mein erster Arbeitstag bei der »Orient Line«. Als erstes Schiff belud ich in den nächsten Tagen in Hamburg die »Orient Enterprise«, ein Schiff mit 11.450 tdw (Tragfähigkeit). Dann fuhr ich nach Antwerpen, wo ich ab dem 10. Oktober 1983 gleich zwei Schiffe zur gleichen Zeit belud, die »Orient Enterprise« und die »Orient Jumbo«. Diese paar Tage hatten mir gereicht. In mir entwickelte sich großer Frust. Die Schiffe hatten polnische Kapitäne, die mir leidtaten. Man erwartete von mir, die Schiffe heftig zu überladen. Die »Orient Enterprise« (11.000 tdw) sollte 500 Tonnen mehr mitnehmen als erlaubt. Dem mit Recht protestierenden Kapitän sollte ich sagen, wäre er nicht dazu bereit, dann könnte er seine Sachen packen. Ich schämte mich, das dem armen Kerl antun zu müssen. Er hatte keine Wahl, ich aber hatte eine Wahl. Ich beschloss aufzuhören, rief im Bremer Büro an, teilte denen meine Absicht mit und fuhr nach Hause. Jedenfalls war ich um eine Erfahrung reicher.

Frau an Bord, oder auch nicht

Am 13. Juni 1983 erreichten wir, von Irland kommend, den Hafen von Rotterdam. Wir machten das Schiff im Botlek-Hafen zwischen den Bojen fest. Am nächsten Tag um 19 Uhr verholten wir das Schiff unter einen Silo. Dort sollten 2.000 Tonnen Futtermittel, für Waterford in Irland bestimmt, in die Laderäume geblasen werden, mit einer Kapazität von 300 Tonnen pro Stunde.

Wo war meine Frau? Sie wollte die nächste Reise nach Irland und zurück mitfahren. Eigentlich hätte sie bei unserer Ankunft an der Pier stehen sollen. Ich rief um 20 Uhr zu Hause an (Mobiltelefone gab es damals noch nicht). Ich fiel aus allen Wolken. Meine liebe Frau war am Telefon! Sie sagte mir, sie habe am Tag zuvor bei der Reederei angerufen, und da habe man ihr gesagt, das Schiff liege noch in Dublin. Dumm nur, dass sie unser Schiff mit dem Schwesterschiff verwechselte, das lag tatsächlich in Dublin. Nun war es zu spät für sie, noch das Schiff zu erreichen, denn am nächsten Morgen gegen zehn Uhr sollten wir auslaufen. Wir machten aus, noch einmal am nächsten Tag kurz vor dem Auslaufen miteinander zu telefonieren.

Am nächsten Morgen um zehn Uhr war das Schiff beladen, für halb elf war die Abfahrt geplant. Ich rief zu Hause an, erreichte dort aber niemanden. Kurz vor dem Ablegen kam der Agent noch einmal an Bord und erzählte mir fast beiläufig, mein Sohn habe bei der Agentur angerufen und gesagt, seine Mutter sei auf dem Weg nach Rotterdam und werde laut Fahrplan dort um halb zwei eintreffen. Ich fluchte still vor mich hin; guter Rat ist teuer. Der Hafenlotse und der Seelotse waren schon an Bord. Ich rief bei der Reederei an und fragte, ob ich warten dürfe. Die gaben mir eine ausweichende Antwort. Nun entschied ich mich zu warten. Der Hafenlotse, den ich um Rat bat, sagte mir augenzwinkernd, ohnehin dürfe wegen Unterwasserarbeiten eigentlich für die nächsten drei, vier Stunden kein Schiff aus dem Botlek auslaufen. Da erhob sich die Frage, die ich aber natürlich nicht stellte, warum er denn schon jetzt an Bord war. Wir mussten den Liegeplatz unter dem Silo freimachen, legten ab und machten an Tonnen fest. Ich stellte den Lotsen eine Flasche guten Whisky auf den Tisch.

Ich fuhr mit dem Festmacherboot an Land, nahm mir dort eine Taxe und ließ mich zum Hauptbahnhof fahren. Um halb zwei war der Zug da. Ich nahm meine Frau in die Arme. Mit derselben Taxe, die ich hatte warten lassen, ging es zurück zum Hafen. 130 Gulden sollte der Spaß kosten. Da ich das Geld nicht hatte, ließ ich das erst einmal durch die Agentur regeln. Auf 14 Uhr hatte ich die Abfahrt verschoben. Um zehn vor zwei waren wir an der Pier. Ein Boot wartete schon, und pünktlich um 14 Uhr ging die Reise los. Mir ging durch den Kopf, dass Frauen immer für eine Überraschung gut waren, meine wohl ganz besonders. Am Abend tranken wir auf den Schreck zwei, drei Flaschen Rotwein.

Am 17. Juni 1983, einem Freitag, erreichten wir Waterford, eine Hafenstadt am Fluss Suir. Abends tranken wir zwei Pints Guinness in einer urigen Kneipe. Am nächsten Morgen liehen wir uns vom Agenten zwei Fahrräder, meine Frau bekam ein gutes Rad mit Gangschaltung, ich musste mich mit einem Rad mit kleinen Rädern zufriedengeben. Es war ein herrlicher, sonniger Tag. Nach dem Überqueren des Flusses mit einer Fähre radelten wir durch eine hügelige Landschaft. Ich war einige Male zum Schieben gezwungen, weil mein Stahlross ohne Gangschaltung war. Bei Hock Head stiegen wir ab und liefen an das felsige Ufer, wo tausende kleiner Miesmuscheln und anderes Seegetier siedelten. Es war Ebbe, bei Flut würden sie mit Wasser bedeckt sein. Danach machten wir einen kleinen Abstecher nach Slade, eine Burgruine und ein kleiner Felsenhafen mit bunten Fischerbooten. Auf dem Rückweg, einige Kilometer nördlich, bewunderten wir das gewaltige Manor Loftus Hall. Es lag wie ein Bauklotz in der Landschaft. Weiter ging es in Richtung Duncannon, wo wir übernachten wollten. Die Landstraßen waren mit grün überwucherten Mauern eingefasst, die uralt sein mochten. Alle paar hundert Meter markierten kleine Säulen aus aufgetürmten Steinen wohl die Grundstücksgrenzen. Die Hänge waren mit blühendem Ginster übersät, und Fuchsien säumten die Straßenränder. Niemand begegnete uns ohne ein freundliches »Hallo«. Ein alter Bauer, der zwei alte Teppiche in einigen Metern Abstand auf die Straße legte, als wir vorbeiradelten, erklärte uns ohne Aufforderung, wozu das diente. Er hatte vor, eine Herde Vieh über die Straße zu treiben, und die Teppiche sollten die Autofahrer veranlassen, langsam zu fahren.

Um 18 Uhr erreichten wir Duncannon. Bei einem kleinen Häuschen mit dem Schild B+B (Bed and Breakfast) stiegen wir vom Rad. Unsere Wirtin, Frau Holgerson, war die Frau eines norwegischen Kapitäns. Zum Haus mit grün gestrichenen Ziegeln gehörten fünf Katzen und drei norwegische Elkhunde. Nach einem Spaziergang zum Strand begaben wir uns in eine Taverne, dort machten drei Mann amerikanische Countrymusic. Es war viel zu laut. Nach einem Bier gingen wir über die Straße in einen urigen Pub. Dort machten zwei Musiker wirklich gute, alte irische Musik. Der eine spielte die Fiedel, der andere Schifferklavier, unbeeindruckt von dem Lärm aus einer Musikbox direkt aus dem Raum nebenan. Sie spielten ganz versunken mit geschlossenen Augen, wohl mehr für sich als für das Publikum. Dem Fiedler hing beim Spielen die Pfeife im linken Mundwinkel. Wenn einer der beiden aufstand, um zwei neue Pints Guinness zu holen, spielte der andere weiter. Es gab keinen Applaus, die Gäste unterhielten sich, manche lautstark. Nach einigen Gläsern Bier begaben wir uns um 23 Uhr zu unserer Unterkunft, hüpften in die weichen Betten und waren bald eingeschlafen.

Am nächsten Morgen servierte uns Frau Holgerson ein englisches Frühstück mit Kaffee, Fruchtsaft, Cornflakes, Milch, Toast, Marmelade und, *last but not least*, Spiegeleier mit viel Speck und kleinen Bratwürstchen (die Letzteren vergisst man besser). So gestärkt machten wir uns erneut auf den Weg.

Zurück mit der Fähre über den Fluss nach Passage East, dann nach Norden bis Dunmore und weiter, am Belle Lake vorbei nach Waterford auf keltisch Port Laire, wo wir um 15 Uhr ankamen.

Erst am 22. Juni 1983 verließen wir Waterford. In der Irischen See am gleichen Tag, etwa von 17 bis 18 Uhr, bot sich uns ein ungewöhnliches Schauspiel. Es war etwas diesig, die See war spiegelglatt. Dicht unter der Wasseroberfläche sahen wir Haie, viele Haie, etwa 80 bis 100. Träge glitten sie durch das Wasser. Das Dreieck der Rückenflosse und ein Teil der langsam rudernden Schwanzflosse ragten aus dem Wasser. Einige waren so dicht am Schiff, dass man die Silhouette der großen Fische deutlich sehen konnte. Ich schätzte die Länge der Tiere auf etwa drei Meter oder mehr. Später erfuhr ich, es habe sich wohl um junge Walhaie gehandelt.

Bevor es zurück nach Rotterdam ging, machen wir noch einen Abstecher nach Newport, wo wir Kohle luden. Am 27. Juni 1983 waren wir wieder in Rotterdam. Für meine liebe Frau waren die schönen Tage mit ihrem Ehemann zu Ende.

Piraterie

Piraterie ist ein weitverbreitetes Phänomen und erzeugt seit Jahrhunderten Angst und Schrecken unter den Seeleuten. Wir alle kennen die abenteuerlichen Geschichten über die Piraterie in der Karibik, aber Piraterie gab es schon in der Antike, wahrscheinlich schon so lange, wie es die Seefahrt gibt. So wurde der junge Julius Cäsar im Jahr 75 vor der Zeitrechnung südlich von Milet auf dem Weg nach Rhodos von Piraten gefangen genommen und erst nach Zahlung eines Lösegeldes in die Freiheit entlassen. Angeblich empörte es ihn, dass man zu wenig Geld für seine Freilassung forderte. Wie auch immer, kaum zurück in Rom kehrte er mit Soldaten zum Piratennest zurück, nahm die Seeräuber gefangen und ließ sie ans Kreuz schlagen.

Meine Erfahrungen mit Piraten waren weniger dramatisch. 1980 war ich Kapitän auf dem Schiff »Conti Britania« und wir hatten, von Liverpool kommend, Ladung für einige Häfen an der Westküste Afrikas an Bord. Einer dieser Häfen war Lagos (Nigeria). Bevor wir einen Liegeplatz im Hafen bekamen, ließ man uns etliche Tage auf Reede ankern. Tagsüber war das in Sichtweite der Küstenwache kein Problem. Die Piraten kamen im Schutz der Dunkelheit, in kleinen Booten, nicht stark motorisiert oder gerudert. So hieß es jeden Abend »Anker auf« und ein paar Seemeilen in die offene See dampfen und dort treiben. Morgens ging es dann zurück zum Ankerplatz. Am Morgen des 8. November 1980 bekamen wir endlich einen Liegeplatz im Hafen. Der Mann von der Agentur brachte einige Leute mit, die mit Pfeil und Bogen bewaffnet waren. Die Pfeile sollen vergiftet sein. Die Männer stellten sich zur Wasserseite an die Reling, um Leute daran zu hindern, vom Fluss aus an Bord zu klettern und sich über die Ladung herzumachen. Was auf den ersten Blick etwas atavistisch aussah, erwies sich als eine sehr effektive Piratenabwehr. Piraten im Hafen? Ja, so war es damals in Nigeria. Der Mann von der Agentur berichtete mir, in der Nacht zuvor sei das neben uns liegende Schiff wohl unbewacht von Piraten überfallen worden, wobei ein Teil der Ladung geplündert worden sei.

Ein paar Tage später, am 11. November 1980, wir lagen immer noch in Lagos, hörte ich abends lautes, wildes Tuten des Typhons des vor uns liegenden holländischen Schiffes. Ich lief von meiner Kabine aus auf die ein Deck höher liegende Brücke. Von der Nock aus sah ich fünf größere Motorboote beim Holländer längsseits gehen. Männer warfen von oben Ladung zu ihnen hinunter. Das Signalhorn schreckte sie nicht ab und Wachleute wie wir hatten sie wohl auch nicht an Bord. Nach gut fünf Minuten war der Spuk vorbei. Die Boote verschwanden in der Dunkelheit, bis an den Rand mit Diebesgut beladen. Ein Polizeiboot erschien eine gute halbe Stunde später. Wie praktisch! Uns ist während der Liegezeit nichts passiert, ein Matrose wurde am Handgelenk leicht verletzt, als man versuchte, ihm die Armbanduhr vom Arm zu entreißen.

Einige Jahre später, am 21. Juni 1984, ich war Kapitän auf M/S »Port Harcourt«, lagen wir im Hafen von Conakry (Guinea) mit Containern, die wir in Kanada und den USA geladen hatten. Am hellen Tag fielen überfallsartig plötzlich, von der Landseite kommend, um die 90 bis 100 Männer über das Schiff her. Die Reling befand sich etwa in Höhe des Kais. Ungehindert konnten die ungebetenen Besucher auf einer Länge von ungefähr 85 Metern an Bord springen. Eine Wache an der Gangway war somit völlig überflüssig. Sie brachen etliche Container auf und stahlen einen Teil der Ladung. Einige an der Pier stehende Polizisten sahen interessiert zu und rührten keine Hand. Unserem Zweiten Offizier, der Deckswache hatte, wurde die Mütze vom Kopf gestohlen, dem Elektriker wurde das Werkzeug aus den Taschen seines Overalls gerissen. Das Löschen der Container begann erst am 24. Juni 1984. Nun standen, zum Schutz der Ladung an Land, etwa 50 Soldaten an dem Kai. Doch wieder, und dieses Mal an Land, wurden einige Container aufgebrochen, und das Militär beteiligte sich, nicht ganz unwesentlich, an der Dieberei. Wohl um den Schein zu wahren, wurde ab und zu ein Dieb abgeführt, möglicherweise wurde ihm hinter der nächsten Ecke die Freiheit wiedergegeben.

Einige Jahre später war ich Kapitän auf Schiffen der Hamburger Reederei »Monsun«. Die Reederei hatte zwei Schiffe, M/S »Durban« und M/S »Kapstadt«. Auf beiden Schiffen fuhr ich abwechselnd als Kapitän. Beide Schiffe waren in den 80 Jahren im Liniendienst zwischen den indischen Häfen Madras (jetzt Chennai), und Kalkutta sowie Singapur eingesetzt. Das bedeutete, dass wir bei den relativ kurzen Reisen sehr häufig durch die Straße von Malakka fahren mussten. Dieses Seegebiet war und ist berüchtigt für die häufigen Überfälle von Piraten auf Handelsschiffe. Der erste Vorfall – ich war Kapitän auf M/S »Durban« – ereignete sich am 20. Juni 1986, kurz vor dem Einlaufen in Chennai (früher Madras). Wir hatten bereits alle Festmacherleinen – eine beliebte Beute der Piraten – an Deck geholt. In der Abenddämmerung näherte sich plötzlich sehr schnell, von Steuerbord achtern kommend, ein großes Motorboot, besetzt mit acht bis zehn verwegen aussehenden Gestalten. Etwa auf Höhe der Aufbauten, also relativ weit achtern, versuchten sie, längsseits zu kommen und an Bord zu klettern. Das Schiff war voll abgeladen. Der niedrige Freibord würde es ihnen leicht machen, an Bord zu kommen. Ich versuchte, sie mit harten Ruderlagen abwechselnd nach Backbord und Steuerbord in den Propellerstrom geraten zu lassen, um sie so vom Schiff abzudrängen. Das gelang aber nicht. Der Erste Offizier, der Filipino Joel S., der neben mir auf der Brücke stand, reagierte auf meine Anweisung schnell und brutal. Aus dem Schapp mit den Seenotsignalen zerrte er einige Raketen hervor, rannte in die Steuerbord Nock, richtete den ersten Feuerwerkskörper auf das Boot und schickte die Rakete auf die Reise. Sie verfehlte das Boot knapp. Die zweite Rakete zielte auf das Boot. Ihr Einsatz war aber nicht mehr nötig, Das Boot drehte ab und war schnell in der Dämmerung verschwunden. Wir unterließen es, den Vorfall zu dokumentieren und den indischen Behörden zu melden. Es wäre für die Katz gewesen und hätte außer viel Schreibkram nichts gebracht. Nur in einem Bericht an die Reederei erwähnte ich die Sache.

Der zweite Vorfall, einige Jahre später, ging weniger gut aus. Er betraf aber nicht mich, sondern meinen Kollegen Uwe D. Er war Kapitän auf M/V »Durban«, dem Schwesterschiff der »Kapstadt«, auf dem ich als Kapitän fuhr. Es geschah am 16. Oktober 1991. Das Schiff war, von Kalkutta kommend, auf dem Weg nach Singapur und befand sich in der Straße von Malakka. Es war kurz nach Mitternacht. Auf der Brücke befanden sich der Zweite Offizier und ein Ausguck, beides Filipinos. Der erste Offizier und der Kapitän saßen mit ein paar Flaschen Bier in der Kabine des Kapitäns, unterhielten sich und hörten Musik. Plötzlich wurde die Tür aufgerissen und ein paar verwegene Gestalten stürmten herein, bewaffnet mit langen Messern. Außerdem verbargen sie ihre Gesichter hinter Masken. Der Kapitän und der Erste Offizier wurden aneinander und an die Stühle gefesselt, auf denen sie saßen. Die Männer zwangen Udo W., den Schlüssel zum Safe herauszurücken. Sie ließen sich zeigen, wo sich der Safe befand, in diesem Fall in einem Schrank unter dem Schreibtisch, öffneten ihn und sackten das darin liegende Geld ein. Den Schlüssel zum Safe nahmen sie mit, als sie das Schiff verließen. Es waren US-Dollar, wie viel ist mir nicht bekannt, aber die Summe muss beträchtlich gewesen sein. Die Besatzung verlangt regelmäßig einen Vorschuss, und die Schiffshändler, die in den Häfen Proviant, Ausrüstung, Kantinenwaren (zum Beispiel Tabakwaren und Alkoholika) liefern, wurden meistens bar bezahlt. Mir ist nicht mehr in Erinnerung, ob den beiden Unglücksraben auch persönliche Dinge, Armbanduhren etc. abgenommen wurden. Nach einigen Minuten verschwanden die Piraten so schnell, wie sie gekommen waren. Durch andauerndes lautes Rufen erregten der Kapitän und der Erste Offizier die Aufmerksamkeit des Wachoffiziers auf der Brücke, ein Deck über der Kapitänskabine.

Wie konnte das passieren? Der Ausguck und der Zweite Offizier hatten wohl nur nach vorn geschaut und die Piraten waren wohl mit einem schnellen Boot von achtern gekommen, hatten sich irgendwo längsseits am Achterschiff festgemacht und waren dann unbemerkt an Bord geklettert. Es war wohl auch versäumt worden, regelmäßig in kurzen Abständen ins Radar zu schauen. Das hätte die Annäherung des Bootes gezeigt. Die Aufbauten waren nicht verschlossen, und so gelangten die Leute mühelos zur Kabine des Kapitäns, aus der auch noch laute Musik schallte.

Auf unserem Schiff hätte das nicht passieren können. Sämtliche Außentüren, alle aus Stahl, waren von innen verschlossen mit einem Vorreiber, den man nur von innen öffnen konnte. Achtern führte eine einzige Treppe vom Hauptdeck auf die darüberliegenden Decks bis zur Brücke. Diese Treppe hatte ich so einrichten lassen, dass sie unten beweglich war. So konnten wir sie mit dem unteren Teil mit einer Talje nach oben ziehen, wobei sie den Treppenschacht verschloss. Dieser Teil wurde dann mit einem dicken Drahtseil, ein Stück höher, angeschlossen. Zusätzlich hatten wir rundherum eine Menge Stacheldraht spiralförmig rundherum befestigt, um so ein Überklettern zu verhindern. Selbstverständlich war in gefährlichen Gewässern das Radar ständig besetzt. Zwei starke Scheinwerfer standen in den Nocken bereit.

Ein paar Reisen später bewährten sich diese Maßnahmen. In den späten Abendstunden näherte sich ein schnelles Motorboot von achtern. Es wurde entdeckt, der Wachoffizier gab Alarm und ich eilte auf die Brücke. Ich gab Befehl, nicht an Deck zu gehen, Widerstand gegen eventuell schwer bewaffnete Piraten wäre zwecklos; wir hatten keinerlei Waffen an Bord, nicht mal eine Pistole. Der Trick mit den Seenotraketen hätte hier auch nicht viel gebracht. Die Piraten in diesem Seegebiet, zu Indonesien gehörend, waren in der Regel schwer bewaffnet. Was als Nächstes passierte, weiß ich nicht. Es kletterten wohl einige Gestalten an Bord, sehen und hören konnten wir sie nicht. Sie versuchten wohl, ins Schiff zu kommen. Als sie das nicht schafften, verließen sie uns wieder. Im Radar konnten wir sehen, dass sich das Boot entfernte. Diese Leute sind auf schnelle Überfälle spezialisiert. Stoßen sie auf ihrem Weg ins Innere des Schiffes oder auf die Brücke auf zeitraubenden Widerstand, so geben sie meist schnell auf. Man munkelte, es seien oft Angehörige der indonesischen Marine, die sich auf diese Weise ihren kargen Sold aufbessern. Aber das kann auch bloß ein Gerücht sein.

Oh Kalkutta, Nr. 1

Das Schiff M/S »Durban« hatte in Venedig am 16. Januar 1985 Container geladen und hatte noch am gleichen Tag die Reise nach Mumbai angetreten. Das Schiff war von einer indischen Reederei gechartert worden und sollte als Zubringer zwischen indischen Häfen und Singapur eingesetzt werden.

Am 21. Januar erreichten wir Port Said, den Hafen am nördlichen Ausgang des Sueskanals. Wir ließen die dort übliche Abstauberei über uns ergehen. Lotsen, Festmacher, Agenten, Gesundheitsamt, Einwanderungsbehörde, Kanalinspektion und, *last but not least*, der Zoll verlangten ihren Obolus. Die gängige Währung waren Marlboro-Zigaretten, keine Päckchen, sondern Stangen à 200 Stück. Dazu kamen von einigen der Herren noch Sonderwünsche, das Spektrum reichte von Erdbeerkonfitüre über Kugelschreiber bis zu Toilettenpapier.

Am 22. Januar 1985, um 03:18 Uhr, begann die Passage durch den Kanal. Unser Konvoi bestand aus 14 Schiffen. Zwischen 09:35 Uhr und 13 Uhr ankerten wir im Großen Bittersee, um den nach Norden ziehenden Konvoi passieren zu lassen. Der für die Strecke Ismailia–Sues zuständige Lotse entpuppte sich als Ekel. Die ihm zugewiesene Kabine behagte ihm nicht, weil sie unter den Kabinen der Seeleute lag, ein Prestigeverlust. Die Rindfleischsuppe, die wir alle aßen, wollte er nicht, er verlangte stattdessen nach Käse und Brot. Dann bat er noch nachdrücklich um zwei Flaschen Whisky und etliche Dosen Bier. Keiner der vier Lotsen an Bord verlangte weniger als zwei Flaschen Whisky, und das als Muslime, denen der Alkohol ja eigentlich verboten ist, und eine Stange Marlboro. Ich hatte, in Voraussicht der Dinge, den billigsten Whisky beim Schiffshändler gekauft, die Flasche für ungefähr vier DM, also zwei Euro. Ich war heilfroh, als die Lotsen hinter Port Said von Bord gingen und wir unsere Reise fortsetzen konnten.

Am 26. Januar 1985 passierten wir Bab al-Mandab, das »Tor der Tränen«, am Südausgang des Roten Meers. Die erste Grillparty dieser Reise am Abend dieses Tages war ein großer Erfolg. Wie üblich versuchten sich die Filipinos als Karaokestars, wir zwei Deutsche an Bord, der Erste Ingenieur und ich, verzichteten aufs Belcanto. Am Morgen danach passierte ein tragisches Unglück, das Schiff kollidierte mit einem Wal, der vorher nicht gesehen worden war. Es gab einen Ruck im Schiff. Hinter dem Schiff im Kielwasser tauchte das arme Tier noch einmal in einem Schwall roten Wassers kurz auf und versank dann wieder. Wie wir später feststellten, trug das Schiff keine Schäden davon.

Am 3. Februar 1985 erreichten wir Mumbai, früher Bombay genannt. Am nächsten Tag tat ich meine ersten Schritte auf indischem Boden. Unvorstellbar war die auf Schritt und Tritt sichtbare Armut der Menschen. Die schmutzigen Straßen gedrängt voller Leiber. Fette Ratten huschten unbekümmert zwischen den Beinen der Passanten. Mitten im Menschengewühl ein paar magere Kühe. Ich war mit dem Funker unterwegs, der überredete mich, der berüchtigten Falkland Road einen Besuch abzustatten. Dort angekommen versuchten sogleich die Damen vom ältesten Gewerbe der Welt, mit uns ins Geschäft zu kommen. Ich schätzte die jüngsten auf circa zwölf Jahre alt. Für 10 Rupien, circa 2,50 DM, wollten sie sich verkaufen. Alle paar Meter wurden wir angebettelt. Kleine Kinder, manche verstümmelt, zupften uns mit der einen Hand an der Hose, die andere hielten sie uns flehentlich entgegen. Mich bedrückte das unvorstellbare Elend, wir winkten das nächste klapperige Taxi heran und ließen uns zurück an Bord fahren. Der Taxifahrer jagte halsbrecherisch durch das Menschengewühl, wobei er die Hand nicht von der Hupe nahm. Es war schon dunkel, er hielt es aber nicht für nötig, die Scheinwerfer einzuschalten. Übertroffen, im negativen Sinn, wird Mumbai nur noch von Kalkutta, jedenfalls was meine Erfahrung anbetrifft.

Eine amüsante Episode möchte ich noch erwähnen. Am selben Abend rückte mir noch ein vollbärtiger, Turban tragender Sikh auf die Pelle, wie alle seiner Landsleute hieß er mit Nachnamen »Singh«, was Löwe bedeutet. (Die Damen heißen mit Nachnamen alle Kaur, was Prinzessin bedeutet.) Er sei ein Magier und Wahrsager, sagte er mir. Um ihn loszuwerden, gab ich ihm ein paar Rupien. Er beeindruckte mich mit ein paar Taschenspielertricks und verkündete mir dann die Zukunft. Demnach werde ich 85 Jahre alt, bekomme noch ein Kind, mit einer Frau namens Eva. Mein Magen werde mir Schwierigkeiten bereiten. Reichtümer werde ich nicht ansammeln. Ich sage zu 90 % die Wahrheit und lüge naturgemäß zu 10 %. Ein Charakterfehler sei, dass ich nichts für mich behalten könne. So als Schwätzer abgestempelt zu werden, brachte mich etwas zum Grübeln.

Weiter ging die Reise, die nächsten Häfen waren Chennai in Indien, früher Madras genannt, und Chittagong in Bangladesch. Am 16. Februar 1985 erreichten wir den Hugli River, einen Arm des Ganges. Ein Lotse kam an Bord und wir fuhren den breiten Strom hinauf. Ich sah mehrere Male einige der seltenen Flussdelphine, die im Mündungsgebiet der Flüsse Ganges, Brahmaputra und Karnaphuli endemisch sind. Als wir uns Kalkutta – jetzt Kolkata genannt – näherten, wurde der Fluss schmaler. Hunderte von kleinen Fischerbooten wichen uns aus, oft im letzten Augenblick. Ihre Netze lagen quer im Fahrwasser, aber wohl tief genug, um nicht in unsere Schraube zu geraten. Es war ein Sonntag.

An beiden Ufern des Flusses sah ich hunderte von buntgekleideten Menschen, die auf breiten steinernen Treppen hinunter in das gelbe Wasser des heiligen Flusses stiegen. Mir grauste schon bei der Vorstellung, in diese Brühe zu steigen. Zehn Millionen Menschen machten, mit Ihren Abwässern, den Fluss zur Kloake. Am rechten Ufer standen Fabrikanlagen, die ungeklärt eine bunte Brühe in den Fluss leiteten.

Es ist unappetitlich, muss aber erwähnt werden. An den Ufern des Flusses, besonders aber in der weiter flussaufwärts befindlichen Stadt Varanasi, werden täglich hunderte von Leichen verbrannt. Die Asche wird in den Fluss gekippt. Aber es gibt nicht genügend Brennholz, und so werfen Angehörige der Toten oft die halbverbrannten Körper in den Fluss. Als wir ein paar Reisen später wegen dichtem Nebel auf dem Hugli ankern mussten und später, als es aufklarte, den Anker hievten, lag eine Leiche quer über dem einen Ankerflunken. Der Anker wurde erneut fallen gelassen und wieder, dieses Mal von der schaurigen Last befreit, vorgehievt. Auf den folgenden Reisen sahen wir öfter tote Körper in dem heiligen Strom treiben.

Am 16. Februar 1985 waren wir fest im Hafen von Kalkutta, nachdem wir vorher eine Schleuse passiert hatten. Als Erstes fiel die »Schwarze Gang«, so nennen Seeleute die Männer von der Zollfahndung, mit 18 Mann über uns her. Sie suchten ein wenig im Schiff herum, bekamen ihren Obolus, setzten sich dann in die zwei Messen – eine wäre zu klein für sie gewesen – und verlangten Sandwiches und etwas zu trinken. Die anderen Behörden veranstalteten ebenfalls die übliche Abstauberei, etliche Stangen Marlboro wechselten den Besitzer. Pech hatten die zwei Beamten der Passbehörde (Immigration). Sie kamen erst, nachdem der Zoll den Raum, in dem Alkoholika und Tabakwaren gelagert werden, versiegelt hatte. Sie gingen also leer aus. Als Rache bekamen wir keine Landgangausweise. Diese Papiere müssen am Hafentor vorgewiesen werden. So konnte niemand von uns an Land gehen. Wir bekamen diese Ausweise erst auf Intervention unseres Agenten am nächsten Tag.

Mein erster Landgang am nächsten frühen Abend zeigte mir eine Stadt, die, mit der Bombay verglichen, als Eldorado bezeichnet werden kann. Die Luft war rauchgeschwängert, die Straßen vollgestopft mit Menschen und ständig hupenden Autos, aus deren Auspuffen schwarzer Qualm quoll. Ampeln wurden total ignoriert. Dazwischen magere Kerle, die sich als menschliche Zugtiere vor eine Rikscha gespannt hatten und mit den Autos um die Fahrbahn konkurrierten. Alle paar Meter wurde ich von zerlumpten Bettlern, meist Kindern, am Arm gezupft. Dazwischen die heiligen Kühe und Ziegen, die an Plakaten knabberten.

Etwas später sah ich Menschen auf einer Plastikplane auf den Trottoirs liegen, die mit roten Flecken, von Betel kauenden und spuckenden Menschen verursacht, übersät waren. Ihr Nachtlager. Als ich später gegenüber unserem Agenten erwähnte, ich sei als schwerer Europäer nicht bereit, mich von so einem mageren Rikscha-Puller durch die Stadt befördern zu lassen, sagte er mir lakonisch: »Wenn er dich nicht zieht, bekommen seine Kinder am Abend keinen Reis.« Ein naives Gemüt mag das Gewirr enger Gassen als malerisch empfinden. Öffentliche Schreiber saßen an kleinen Tischen. Winzige Buden, in denen Betel und Zigaretten einzeln verkauft wurden. Vor manchen glimmte eine lange Lunte zum Anstecken der Zigaretten. Dazu gab es dutzende Garküchen, so groß wie ein Tisch. Da wurden scharfe Speisen gekocht oder gebraten und für sehr kleine Münze verkauft.

Beeindruckend war ein Besuch im »Indian Museum«, dem größten des Landes. An der Kasse wurde ich erst einmal abgezockt. Die Preise waren in Rupien angegeben, den gleichen Betrag durfte ich in US-Dollar bezahlen. Aber der Besuch lohnte sich trotzdem. Nicht vergessen habe ich den Anblick eines ausgestopften riesigen Krokodils. Neben dem Tier lagen eine ganze Reihe Armringe. Die hatte man nach dem Erlegen des Tiers in seinem Bauch gefunden. Daraus konnte man schließen, dass mehrere Frauen, wohl beim Waschen am Fluss, von der Bestie überrascht und verspeist worden waren.

Ich hatte gehört, der Kalitempel sei sehenswert, und so ließ ich mich mit einer Rikscha, vor der sich ein mageres Männchen gespannt hatte, dort hinfahren. Den eigentlichen Tempel durfte ich nicht betreten, wohl aber den großen Hof. Viel Besucher hatten junge Ziegen dabei. Dort wurde ich Zeuge des scheußlichen Rituals, wie ein Mann mit einer Art breitem Schwert den Ziegen den Kopf vom Rumpf trennte. Ein Hund schlabberte ungestört in der Blutlache auf der Erde. Das Blut war das Opfer an die Göttin Kali, das Fleisch durften die Besucher, soweit ich weiß, mit nach Hause nehmen. Schon die Darstellung der Göttin ist furchterregend. Ihre Hautfarbe ist meistens schwarz, sie hat mehrere Arme. Sie trägt eine Halskette aus Schädeln und einen Rock aus abgeschlagenen Armen. Sie hat ein drittes Auge und streckt die Zunge weit heraus. Zu allem Überfluss hängt manchmal ein totes Kind an einem ihrer Ohren. Um zu verstehen, wie man ein derart scheußliches Wesen anbeten kann, muss man schon ein Hindu sein (oder wie ich ein Semester »Hinduistische Göttinnen« an der Uni Bremen belegt haben).

Am 19. Februar 1985 verließen wir den Moloch am Ganges, noch am gleichen Abend ankerten wir vor der Mündung des Pussur Rivers, einem weiteren Arm des Ganges. Am nächsten Morgen, um 06:50 Uhr, kam der Lotse an Bord. Zwischen tückischen Sandbänken hindurch ging es flussaufwärts, auch hier blieb uns der Anblick einer im Fluss treibenden Leiche nicht erspart. Die Ufer waren von einem dichten Mangrovenwald bedeckt. Hier soll es noch etliche bengalische Tiger geben, denen jedes Jahr einige Menschen zum Opfer fallen sollen. Ich sah auch eine Horde Affen am Ufer herumtollen. Nie zuvor im Leben hatte ich wilde Affen gesehen. Nach einigen Stunden erreichten wir den kleinen Hafen Chalna, der zu Bangladesch gehört und nur aus einer Pier besteht. Als wir fest waren, kamen kleine Boote längsseits, aus denen Einheimische Obst und Gemüse verkauften. Kokosnüsse waren ein begehrter Artikel. Oben aufgeschnitten und mit etwas Rum aufgefüllt, enthalten sie ein köstliches Getränk. Die Bananen waren sehr klein, aber sehr aromatisch. Ich aß eine Frucht namens Sobeda. Sie sieht fast wie eine Kartoffel aus und wird ausgelöffelt. Der Geschmack erinnert an kleine grießige Birnen.

Einige unserer Leute ließen sich abends mit einem Boot auf die andere Seite des Flusses bringen. Dort war ein Dorf, wo man sich für sehr wenig Geld eine Dame mieten konnte, etwa 350 sollten es angeblich sein, die sich dort im ältesten Gewerbe der Welt ihr Geld verdienten.

Einige Jahre später

Es war ein herrlicher Urlaub auf Bornholm gewesen. Wir hatten uns dort ein Ferienhäuschen gemietet. Wir badeten jeden Tag, machten lange Spaziergänge am Strand und besuchten mit dem Auto malerische kleine Orte. Jeder Urlaub geht einmal zu Ende und so fuhren wir am 17. September 1989 mit der Fähre von Rönne nach Kiel und von dort aus mit dem Auto weiter nach Hause. Wir erreichten die Heimat spät am Abend und beschlossen, erst am nächsten Tag das Gepäck aus dem Auto zu laden. Stattdessen genehmigten wir uns eine Flasche Chianti und machten Pläne für die nächsten Tage; ich hatte noch gute 14 Tage Resturlaub vor mir.

Wir saßen am nächsten Morgen gegen zehn Uhr beim Frühstück, als das Telefon klingelte. Ein Anruf von der Firma in Limassol. Herr H. von der Personalabteilung der Reederei schien erleichtert, mich erreicht zu haben. Ich möge bitte meinen Koffer packen, um 14 Uhr gehe mein Flug von Bremen nach Frankfurt und von dort mit einem Anschlussflug weiter nach Singapur. Dort liege das

M/S »Durban« auf Reede, fertig beladen für die Reise nach Kalkutta. Aber der Kapitän sei ausgefallen. So sei man auf mich als Ersatz verfallen, da ich ja das Schiff und das Fahrtgebiet gut kenne. Ich packte also meinen Koffer, wir räumten unseren PKW teilweise, um für ihn Platz zu schaffen, und machten uns gegen Mittag auf den Weg zum Flughafen.

So richtig glücklich war ich nicht, lag ich doch mit dem Eigner des Schiffes in einigen Punkten über Kreuz. Eigentlich sollte ich, nach Ende des Urlaubs, auf dem M/S »Sea Intrepit« eingesetzt werden. Dieses Schiff verkehrte zwischen Häfen der Karibik, paradiesisch verglichen mit Häfen des indischen Subkontinents.

Nach einem ruhigen Flug in einem Jumbo, von Frankfurt über Bombay, landeten wir am frühen Nachmittag des 19. September 1989 auf dem Changi Airport in Singapur. Nach der üblichen Abfertigung durch Passkontrolle und Zoll entdeckte ich schnell den Mann von der Agentur mit dem Schild »Captain Heinz«. Im Auto erzählte er mir, das Schiff liege auf Reede, auf der »Eastern anchorage«. Um mir etwas Zeit für die Eingewöhnung zu geben, habe man das Auslaufen für den späten Abend geplant und den Lotsen entsprechend bestellt. Ich sagte ihm, ich kenne das Schiff gut und brauche keine Zeit zur Eingewöhnung, er solle bitte den Lotsen für einen baldigen Zeitpunkt bestellen. Das tat er sogleich, und so kam es, dass ich mit einem von der Agentur georderten Boot das Schiff kurz vor dem Lotsen erreichte. Etwa um 17 Uhr hieß es »Anker auf!« und die Reise nach Kalkutta begann.

Was war geschehen? Das Schiff hatte auf der letzten Reise in Singapur einen neuen Kapitän bekommen. Nicht nur neu auf dem Schiff, sondern auch neu bei der Reederei. Die Reise von Singapur nach Kalkutta war wohl ohne Probleme verlaufen. Dann wurde er wohl, nach dem Einlaufen, mit der indischen Wirklichkeit konfrontiert, die ich selbst viele Male erlebt habe und hier kurz schildern werde.

Kaum ist das Schiff fest, wird es von den verschiedenen Behörden »besucht«. Alles nette Menschen, die um kleine Geschenke bitten. Besonders penetrant sind die Herren von der Zollfahndung, dort »Rummage Gang« genannt (to rummage = stöbern). Sie kommen mit acht bis zehn Beamten. Der Boss, ein freundlicher Herr, erklärt dir, man werde das Schiff durchsuchen und dabei gehe es, vor allen Dingen, um Rauschgift. Mal davon abgesehen, dass eher Rauschgift von Indien nach Singapur geschmuggelt wird als von Singapur nach Indien, wo doch in Singapur auf den Handel mit Rauschgift die Todesstrafe steht. Unter vier Augen lässt er durch die Blume durchblicken, wenn nötig werde man schon Rauschgift finden. Aber mit ein paar Geschenken an die Herren, den Boss im Büro bitte nicht zu vergessen, werde man ein Auge zudrücken. So wurde denn auch auf den vielen Reisen, die ich nach Kalkutta machte, verfahren. Die Leute kamen, so um zehn Uhr morgens, das Schiff wurde gar nicht durchsucht. Man setzte sich in die Mannschaftsmesse, der Koch machte Schnittchen, ein Karton Bier kam auf den Tisch, ein Film mit entsprechendem Inhalt wurde in den Videospieler eingelegt und gezeigt. Um die Mittagszeit verließ man mit den »Geschenken« – »compliments« genannt – das Schiff. Aber es gab auch Ausnahmen, davon erzähle ich weiter unten.

Nun aber zurück zu dem unglücklichen Kapitän, der unverhofft mit diesen Gepflogenheiten konfrontiert wurde. Er war wohl, was der Reederei nicht bekannt war, ein trockener Alkoholiker. Ich spekuliere jetzt: Vielleicht hatte ihn der Ablauf in Kalkutta wohl sehr mitgenommen und er brauchte einen Schluck zur Beruhigung. Wie auch immer, nach Abfahrt Kalkutta wurde er kaum noch gesehen, die meiste Zeit verbrachte er in seiner Kabine, ging kaum einmal, wenn überhaupt, auf die Brücke. Wozu auch? Der Schiffsbetrieb ging weiter, die philippinischen Offiziere taten ihren gewohnten Dienst. Auch das Einlaufen in Singapur funktionierte gut ohne den Kapitän. Es wäre wohl so weitergegangen, die Filipinos hätten sich nicht getraut, sich an die Reederei zu wenden. Das tat aber der Erste Ingenieur, Horst R., neben dem Kapitän der einzige Deutsche an Bord. Er rief also bei der Reederei in Limassol an und schilderte die Lage. Nun kamen die Dinge ins Rollen, ein Arzt wurde an Bord geschickt, der hielt es für notwendig, den vollkommen weggetretenen Kapitän mit einer Ambulanz von Bord holen zu lassen. Man munkelte neben dem Alkoholmissbrauch auch von Drogenkonsum. Aber das war nur ein Gerücht.

So kam ich zu der hohen Ehre, in ein ungeliebtes Fahrtgebiet zurückkehren zu dürfen. Die Wohnräume des Kapitäns hatte man, gleich nachdem der »Alte« von Bord geholt worden war, versiegelt. Ich erbrach das Siegel. Nach dem Öffnen der Tür erwartete mich ein Chaos. Es stank fast unerträglich. In allen möglichen Ecken lagen leere Alkoholflaschen, darunter allein vier Flaschen, die Whisky enthalten hatten. Auf dem Schreibtisch lagen Haufen von Papier, alles war völlig ungeordnet. Ich öffnete alle Fenster und brauchte Stunden, um einigermaßen Ordnung zu schaffen. Die Schiffskasse war seit Wochen nicht mehr schriftlich geführt worden. Ich hatte Mühe, die herumliegenden Rechnungen mit dem Bargeldbestand im Safe in Einklang zu bringen. Danach ließ ich die Räume gründlich säubern. Die erste Nacht an Bord schlief ich in einer anderen Kabine.

M/V »Durban«, Kalkutta, 21. Januar 1993

An diesem Tag überfiel mich die Zollfahndung. Es waren nur vier Leute, und sie hatten es, warum auch immer, nur auf mich abgesehen. Ich nehme an, ich hatte irgendjemand mal auf die Füße getreten und wurde von dieser Person denunziert. Sie nahmen meine Kammer auseinander, wühlten in meinen Hemden, Hosen und anderen persönlichen Dingen, zählten mein Geld nach und fanden NICHTS. Zum Schluss musste ich den Safe öffnen. Dann wurde es ungemütlich. An der inneren Rückwand des Tresors war ein kleines rundes Stück Metall angeklebt, mit einem Durchmesser von etwa acht bis zehn Zentimeter. Sie fragten mich, wozu das diene. Ich sagte ihnen, ich wisse es nicht. Da entfernten sie die kleine Metallplatte. Nun kam ein Loch in der Rückwand zum Vorschein, mit einem Hohlraum dahinter, in den maximal eine Packung Zigaretten gepasst hätte. Dieser Hohlraum war aber leer. Nun eröffnete man mir, das Vorhandensein dieses Loches sei ein schweres Vergehen, da es zum Schmuggeln, zum Beispiel von Drogen, geeignet sei. Sie riefen ihren Chef an und baten ihn, an Bord zu kommen. Ich wiederum informierte unseren Agenten, der bat den deutschen Konsul um Beistand. Alle drei kamen an Bord, es wurde viel palavert, aber ich hatte wirklich keine Ahnung, wozu dieses vermaledeite Loch dienen könne. Als letzter Ausweg fiel mir ein, Kapitän Uwe D. zu fragen, der zu dieser Zeit auf dem Schwesterschiff Dienst tat und der ja auch schon mehrere Male auf M/S »Durban« Dienst getan hatte. Ich erreichte ihn über Seefunk, und, Glück muss man haben, er konnte mir aus der Patsche helfen. Die Erklärung, die ich dann den Herren vom Zoll vorlegte, kam mit einem Telex.

Wie ich an anderer Stelle berichtet habe, wurde Kapitän Uwe D. einige Zeit vorher, am 16. Oktober 1990, auf diesem Schiff von Piraten überfallen. Sie zwangen ihn, den Safe zu öffnen, und nahmen das darin verwahrte Geld an sich. Unerklärlich ist, warum sie dann den Safe abschlossen und beim Von-Bord-Gehen den Schlüssel mit sich nahmen. Nun musste die leere Schiffskasse in Singapur wieder aufgefüllt werden. Ursprünglich waren zwei Schlüssel für den Safe vorhanden. Den einen hatten die Piraten mitgenommen. Und wo war der zweite? An einem sicheren Platz, nämlich (wie dämlich) im Safe eingeschlossen. Also wurde der Tresor ausgebaut, es wurde von hinten ein Loch hineingeschnitten und so der Schlüssel entnommen.

Nach einigem Zögern reichte den Zollbeamten diese Erklärung und man ließ mich in Frieden.

M/V »Durban«, Kalkutta,
20. März 1993, ein schwarzer Tag

Der 17. März 1993 war einer der schwärzesten Tage meines Berufslebens. Der Dritte Offizier, Jose G., ein junger Mann von 29 Jahren, hatte Selbstmord begangen. Das Schiff lag auf Sandheads Reede vor Anker und wartete auf den Lotsen, der uns den Hugli River, ein Arm des Ganges, nach Kalkutta heraufbringen sollte. Am Abend vor dem schrecklichen Ereignis war ich gegen 22 Uhr noch einmal auf die Brücke gegangen, wie ich es immer vor dem Schlafengehen tat. Herr G. ging die 8–12/20–24-Uhr-Wache. Ich stellte mich neben ihn in die Brückennock. Es war ein sternklarer Abend. Ich erklärte ihm ein paar Sternbilder, nirgendwo ist der Sternenhimmel so eindrucksvoll wie in den Tropen auf See, weit weg von der lichtverschmutzten Zivilisation. Etwa eine halbe Stunde blieb ich oben. Im Nachhinein gab es keinen Anhaltspunkt für das, was er wenig später tun sollte.

Als am nächsten Morgen Herr G. um acht Uhr nicht auf der Brücke erschien, um den Ersten Offizier abzulösen, und er auch nicht am Telefon zu erreichen war, klopfte man an seine Tür. Er gab keine Antwort. Man versuchte, die Tür zu öffnen, doch sie war von innen verschlossen. Als Nächstes kletterte ein Matrose auf der fest eingebauten Leiter am Deckshaus empor und schaute durch das Fenster in die Kabine des Dritten Offiziers. Was er sah, versetzte ihm einen Schock. Erst jetzt wurde ich durch den Ersten. Offizier informiert. Zusammen mit dem Zweiten Offizier und dem Bootsmann begab ich mich zur Kammer des Dritten Offiziers. Mit dem Hauptschlüssel, der jedes Schloss an Bord öffnen konnte, auch wenn in einem abgeschlossenen Raum der Schlüssel von innen steckt – nur ich besaß zwei dieser Schlüssel –, öffnete ich die Tür. Was wir sahen, werde ich für den Rest meines Lebens nicht vergessen.

Herr G. hing mit einem Strick um den Hals halb sitzend an der Tür zu seinem Bad. Der Strick war an der Innenseite der Tür an der Türklinke befestigt und lief oben über die Türkante. Auf den ersten Blick sahen wir, dass Herr G. nicht mehr lebte. Wir zerschnitten den Strick und schätzten, dass der Tod innerhalb der letzten zwei Stunden eingetreten war. Auf dem Tisch in der Kammer lag ein Zettel, auf dem stand: »Dear captain, chief mate and everybody, I am sorry. 3rd Officer.« (Lieber Kapitän, Erster Offizier und alle anderen, es tut mir leid. Dritter Offizier.)

Wir brachten den Toten ins Schiffshospital. Ich informierte die Reederei und die Agentur in Kalkutta über die Sachlage. Noch am gleichen Tag bekamen wir einen Lotsen. Als wir in Kalkutta fest waren, kamen zwei Polizisten an Bord, um den Fall zu untersuchen. Ich hatte Polaroidfotos in der Kammer des Verstorbenen gemacht, die ich den Beamten aushändigte. Etwas später wurde der Körper von Bord geholt. Wie ich später erfuhr, wurde er später in seine Heimatstadt, Lapu-Lapu City, auf der Insel Cebu, überführt.

Filipinos sind sehr abergläubisch. Der 3. Offizier wohnte in der Kammer mit der Nummer 313(!). Dazu kommt: Die Baunummer des Schiffes ist 666, und das ist bekanntlich, nach der Apokalypse des Johannes, die Chiffre für den Antichristen oder das absolute Böse. Zudem war einige Zeit vorher – ich war nicht an Bord – auf dem Schiff der Bootsmann gestorben. Um all dem entgegenzutreten, ließ ich am nächsten Tag einen katholischen Priester an Bord kommen. In der Mannschaftsmesse wurde eine Andacht veranstaltet. Danach wurde in allen Kammern Weihwasser versprüht. Ich ließ es zu, dass dieses auch bei mir geschah. Neun Tage nach dem Tod des Dritten Offiziers, auf der Rückkreise nach Singapur, gab es eine Andacht für ihn. Das sei bei ihnen so üblich, sagte man mir. Dann erzählte mir der Erste Offizier eine merkwürdige Geschichte. Am Morgen während seiner Wache gegen sieben Uhr habe er begonnen, einen Brief an seine Ehefrau zu schreiben, um ihr das traurige Ereignis mitzuteilen. Da habe er plötzlich ganz deutlich dreimal »Pst, pst, pst!« gehört, eine Aufforderung des Verstorbenen, den Brief nicht zu schreiben. Dem sei er nachgekommen, habe das Blatt Papier zerknüllt und über Bord geworfen.

Warum hatte der junge Mann sich das Leben genommen, und hätte man das verhindern können? Diese Frage stellte ich mir, und ich hatte etwas später auch eine mögliche Antwort, jedenfalls was den ersten Teil der Frage anbetraf. Herr G. war, sehr selten auf den Philippinen, ein evangelischer Christ und sehr gläubig, mit festen Moralvorstellungen. Er war unverheiratet. Einige Zeit zuvor hatte er in Singapur eine Landsmännin getroffen und mit ihr für Geld Sex gehabt. In Singapur leben viele Mädchen von den Philippinen; die meisten arbeiten dort für wenig Geld als Hausmädchen. Manche verdienen sich auf andere Weise etwas dazu. Einige Tage später kam er zu mir und beichtete mir die Sache, wobei er mich bat, für ihn einen Aids-Test zu arrangieren, was ich tat. Beim nächsten Anlaufen von Singapur unterzog er sich diesem Test, der negativ ausfiel.

Ein paar Wochen nach dem Suizid, inzwischen hatten wir einen neuen Dritten. Offizier bekommen, erzählte mir der Funker, der Dritte Offizier sei ein paar Tage vor dem Selbstmord an ihn herangetreten und habe ihn gebeten, für den Fall, dass ihm einmal etwas zustoßen würde, einen Brief, den er bei sich trug, an seine Schwester zu senden. Der Funker kam dieser Bitte nach. Was in diesem Brief stand, darüber kann man nur spekulieren; hoffentlich hat es seiner Schwester Trost gespendet.

Schon wieder Kalkutta

Diesem Hafen habe ich etliche graue Haare zu verdanken, wie die folgenden Beispiele zeigen.

Am 13. September 1993 fiel bei den Ladungsarbeiten krachend der Kran Nr. 1 herunter. Zum Glück wurde niemand verletzt. Sofort entstanden bei der Crew, abergläubisch, wie sie sind, Gerüchte über die Ursache. Schon drei andere Schiffe, die am selben Liegeplatz lagen, hatten ähnliches Pech, und das innerhalb der letzten 14 Tage. Also musste das Übersinnliche herhalten. Ein Geist in Gestalt eines alten, weiß gekleideten Mannes war der Schuldige. Er sei mehrmals an diesem Liegeplatz, NSD Nr. 7, gesehen worden, habe eine Bierdose in der Hand gehalten und sei dann plötzlich verschwunden. Obwohl ich zu dieser Zeit ein Buch von Stephen King las, überzeugte mich das nicht.

Ein paar Tage später, am 18. September 1993 auf dem Hugli River, versagte plötzlich die Maschine. Das Schiff trieb bei ablaufendem Wasser quer im Fluss. Dabei rammten wir, bevor wir ankern konnten, zwei Festmachertonnen. Der Strom war so stark, dass sechs Kettenlängen, also 150 Meter Ankerkette, nicht ausreichten. Also Anker auf und erneut ankern. Schäden am Schiff und den Tonnen konnten wir nicht feststellen.

Besuch in der Nacht

Vier Tage später, am 22. September 1993, waren wir auf dem Weg nach Singapur. Jetzt gab es Ärger mit der Crew. Der Funker feierte seinen Geburtstag in der Mannschaftsmesse. Dabei hatten einige zu tief ins Glas geschaut. Ich hatte mich gegen Mitternacht zurückgezogen. Um halb vier morgens wurde wild an meine Tür getrommelt und es gab einen Höllenlärm. Ich öffnete und stand dem Ersten Offizier und dem Ersten. Ingenieur gegenüber, die aufeinander einschrien. Der Erste Offizier war angetrunken. Der deutsche Chief war, soweit ich das beurteilen konnte, nüchtern. Was war geschehen? Der Erste Ingenieur hatte wohl den Ersten Offizier, im Beisein einiger Filipinos, kritisiert. Wer so lange wie ich mit Filipinos zusammengearbeitet hat, weiß, dass das ein großer Fehler ist. Der Filipino erleidet einen Gesichtsverlust und der Verursacher hat sich einen bitterbösen Feind geschaffen. Behandelt man sie aber mit Respekt, sind sie loyale, aufrichtige Mitarbeiter. Der Alkohol hatte wohl beim Ersten Offizier, Joel S., die Bremsen gelockert. Er war in die Kabine des schlafenden Ersten Ingenieurs eingedrungen und hatte auf den in der Koje liegenden Maschinisten eingeprügelt. Bei dem anschließenden Handgemenge hatte er ihn überdies auch noch gebissen. (Wo, steht nicht in meinen Unterlagen.)

Was war zu tun? Eigentlich hatte ich keine große Wahl. Der Erste Offizier war angetrunken und würde in diesem Zustand seine Wache um vier Uhr morgens nicht antreten können. Zudem war er bei einem anderen Offizier eingedrungen und hatte den attackiert. Ich hätte ihm eigentlich fristlos kündigen müssen, was bedeutet hätte, dass er den Rest der Reise als Passagier verbracht hätte und vom nächsten Hafen, also Singapur, nach Hause geschickt werden würde. Andererseits war er ein guter Offizier, und natürlich war da auch noch die menschliche Seite. Fristlos entlassen würde der Familienvater bei dieser Reederei keinen Job mehr bekommen, und auch das Eingestelltwerden bei einer anderen Firma wäre mit dieser Vita fraglich.

Erst einmal trat ich an seiner Stelle die Wache um vier Uhr an. Danach, um acht Uhr, rief ich den 1. Ingenieur zu mir. Ich bat ihn darum, die Sache zu vergessen, wenn ihn sein Kontrahent um Entschuldigung bitten würde. Danach redete ich dem Ersten Offizier ins Gewissen. Niedergeschlagen versprach er mir, mit dem Alkoholgenuss vorsichtig zu sein. In meiner Gegenwart bat er dann den Ersten Ingenieur um Entschuldigung. Ich war heilfroh, die Angelegenheit so geregelt zu haben.

Streik

Die Zeit der Prüfungen war nicht vorbei. Am 11. Oktober 1993, also nicht einmal drei Wochen später und wieder in Kalkutta, gab es richtig großen Ärger. Das Schiff lud Container mit den schiffseigenen Kranen. Es wurde rund um die Uhr gearbeitet. Der Dritte Offizier, B. Doronilla, beaufsichtigte als Wachoffizier die Ladungsarbeiten. Kran Nr. 2 wurde von einem indischen Kranfahrer bedient. Etwa um sechs Uhr morgens geriet der Wachoffizier mit diesem Menschen aneinander, weil der sich nicht an seine Anordnung hielt, den Kran etwas vorsichtiger zu bedienen. Die Situation eskalierte und Herr Doronilla versetzte dem Bengalen einen Hieb in die Seite.

Sofort wurde die Arbeit gestoppt. Als mich der Übeltäter über das Geschehene informierte, versuchte ich sofort an Deck zu gehen, um die Lage zu klären. Aber das war nicht möglich, die bengalischen Arbeiter hielten alle Ausgänge besetzt und ließen niemand hinein oder hinaus. Es wurde eine Ambulanz gerufen, die das Opfer in ein Krankenhaus brachte. Wie mir etwas später versichert wurde, sei dem Mann nichts passiert, er habe aber eine große Schau abgezogen.

Im ganzen Hafen von Kalkutta wurde für fünfeinhalb Stunden die Arbeit niedergelegt. Der Dritte Offizier wurde um 10:20 Uhr von der Polizei von Bord geholt und verhört. Um 22 Uhr war er zurück an Bord. Ich hatte für mehrere Stunden einen Haufen aufgebrachter Bengalen in meiner Kammer; die meisten kamen wohl von der kommunistischen Gewerkschaft. Sie redeten heftig auf mich ein. Ich versuchte eine Schadensbegrenzung, indem ich ihnen schmeichelte, Indien sei die größte Demokratie der Welt und bekannt für die Fairness seiner Bürger. Ich schilderte den Dritten Offizier als einen hart arbeitenden, mehrfachen, wenig verdienenden Familienvater, der das Geschehene bitter bereue. Ich mochte mich, nach dieser Selbstentblößung, selbst nicht mehr leiden. Aber es entspannte die Lage und manchmal heiligt der Zweck die Mittel.

Alles schien wieder gut zu sein. Am nächsten Morgen sagte man mir, das Opfer liege zwar noch zur Beobachtung im Krankenhaus, man habe aber keine Verletzungen bei ihm festgestellt. Am Abend um 22 Uhr sollten wir auslaufen. Eine gute Stunde davor eröffnete mir ein aufgeregter Agent, man verweigere dem Schiff die Abfahrt, da der »Fall« noch nicht erledigt sei. Der Mann dürfe das Land nicht verlassen. Die Klärung könne Tage dauern. Was war zu tun? Zu so später Stunde gab es nur eine Möglichkeit. Der arme Kerl bekam sehr plötzlich starke Schmerzen im Unterbauch. (Wir zeigten ihm wo.) Ich tippte auf einen »akuten Blinddarm«. Er wurde wenig später, welch Ironie, wie sein Opfer von einer Ambulanz von Bord geholt. Die Agentur würde sich um ihn kümmern. Eine Stunde später bekamen wir die Auslaufgenehmigung und konnten die Reise nach Singapur antreten. Ich übernahm die Wache des fehlenden Offiziers.

Wie erging es dem armen Kerl danach? Die Agentur sorgte für ihn. Ein Prozess gegen ihn ließ auf sich warten. Man sagte mir, die Verhandlung sei für den nächsten März geplant, fünf Monate nach dem Vorfall! Wem die indische Bürokratie vertraut ist, wundert das nicht. Einige Wochen vergingen. Als ich, zwei Reisen später in Kalkutta, nach ihm fragte, sagte man mir, er sei »verloren gegangen«. In Singapur erfuhr ich dann, dass er kurz vor Weihnachten auf rätselhafte Weise in Manila angekommen sei. Offiziell wurde über das »Wie« nicht gesprochen. Ich spekuliere jetzt einmal ein wenig darüber, wie es geklappt haben könnte. Herr Doronilla durfte Indien nicht verlassen. Er konnte sich aber frei in Kalkutta bewegen. Es gab mehrere Schiffe, die im Liniendienst zwischen Singapur und Kalkutta eingesetzt waren, die der eigenen Reederei und von anderen Gesellschaften. In Kalkutta wurden der Crew Landgangsausweise ausgestellt. Diese kleinen Dokumente, ohne Bild, mussten am Tor zum Hafen beim Passieren, rein oder raus, vorgezeigt werden. Ich stelle mir vor, ein paar Seeleute gingen an Land, einer von ihnen nahm auch den Ausweis eines an Bord gebliebenen Kameraden mit. Relativ kurz vor dem Auslaufen – es könnten aber auch Stunden vorher gewesen sein – kamen sie zurück. Bei ihnen war auch Herr Doronilla. Er zeigte am Tor den Ausweis des an Bord Gebliebenen vor. Man ließ ihn problemlos passieren, er kam mit an Bord, das Schiff lief aus und weg war er. Die Operation wird vorher geplant worden sein, nur durfte natürlich nicht bekannt werden, um welches Schiff von welcher Reederei es sich handelte. Es freute mich, dass Herr Doronilla Weihnachten im Kreis seiner Familie verbringen konnte. Er fuhr nach einem Urlaub auf einem anderen Schiff der Reederei. Dieses lief aber garantiert nicht den Hafen von Kalkutta an.

Ein kleiner Exkurs über den Aberglauben

Ich habe mich weiter oben über den Aberglauben der philippinischen Seeleute lustig gemacht. Ich sollte mich lieber an die eigene Nase fassen.

Wie war das vor Jahren, als wir im Hafen von Beirut lagen und ich einen Ausflug zu den Ruinen des antiken Byblos machte? Der Ort war, abgesehen von mir, menschenleer, kein Tourist weit und breit zu sehen, wohl wegen des verheerenden Bürgerkriegs, der damals das Land beherrschte. Ich sah mir die alten Gemäuer an. Bei einem uralten Grab scharrte ich ein wenig mit dem Fuß in alten Tonscherben. Da glitzerte es, ein goldener Ring mit einem schwarzen Stein – einem Onyx – lag auf der Erde. Ich hob ihn auf, er war ohne Punze, für antik hielt ich ihn nicht. Aber da er relativ schwer war, bestand er wohl aus Gold. Was ich nun beschreibe, klingt ziemlich albern, aber so war es nun einmal. Den Ring nahm ich mit an Bord. Wem hätte ich ihn auch geben können? Mir passte er nicht, er war zu klein. Ich legte ihn auf die kleine Ablage neben meiner Koje.

Wir liefen aus, und ich fühlte mich die nächsten Tage auf See hundeelend. Es war nichts Spezifisches, einfach ein andauerndes Unwohlsein. Ich ging auf die Brücke und schleuderte ihn im hohen Bogen ins Meer. Sehr bald ging es mir wieder besser. Natürlich hat das nichts mit dem fortgeworfenem Ring zu tun! Oder?

Wie war das, am 22. Januar 2001, als wir vor Singapur auf Reede lagen und auf unseren Liegeplatz warteten? Ich war von zwei guten Bekannten, die für unseren Schiffshändler arbeiteten, für den Abend zum Essen eingeladen. Ich machte mich landfein, zog mir eine leichte Baumwollhose und ein schickes buntes Hemd an. Kurz bevor das Boot kam, um mich abzuholen, wechselte ich noch schnell – ich weiß nicht warum – das bunte Hemd gegen ein schwarzes aus. Um kurz vor fünf Uhr legte das Boot an der Clifford Pier an, wo mich Jack, der eine der zwei Bekannten, abholte. Plötzlich brach ein heftiger Schauer über uns herein und wir suchten Schutz unter einem Eingang. Da klingelte mein Handy. Vera, meine Frau, teilte mir mit, meine Mutter sei in der letzten Nacht gestorben. Ich ließ mir gegenüber meinem Begleiter und später auch gegenüber Danny, dem anderen Gastgeber, und ihren ebenfalls anwesenden Ehefrauen nichts anmerken. Ich wollte ihnen nicht den Abend verderben. Trotzdem fragte Jack mich etwas später am Abend, ob mich etwas bedrücke, was ich verneinte. Dass ich, kurz bevor ich in das Boot stieg, das bunte Hemd gegen ein schwarzes gewechselt hatte, war purer Zufall. Oder?

Oh Kalkutta, Nr. 2

Dieser Hafen lässt mich nicht los. Ärger und kleine Katastrophen gehören zum Geschäft. M/S »Durban« ist ein Schiff, auf dem zu arbeiten ich schon einige Male die Ehre hatte. Leider ist es immer noch das mir verhasste Fahrtgebiet. Hin und her zwischen Singapur und Kalkutta. Wir schrieben den 18. Juli 1994, und das Schiff stand kurz vor dem Hugli River, dem Arm des Ganges, der nach Kalkutta führt.

Um 14 Uhr hatte der Bootsmann J. Saladar einen Unfall. Er bediente eine Rostmaschine, von der er, wohl um sich die Arbeit zu erleichtern, das Schutzblech entfernt hatte. Dazu trug er eine »Sicherheitsbrille« mit gläsernen Scheiben. Von der rotierenden Welle löste sich ein stählerner Stern und schlug gegen die Brille. Das Glas zerbrach und ein Splitter drang ihm in das linke Auge. Dem 2. Offizier, als amtierenden »Medizinmann« an Bord, gelang es, den Splitter mit einer Pinzette zu entfernen. Über Funk hatten wir Rat bei einem Augenarzt vom amerikanischen Hospital in Manila eingeholt. Wir mussten ihn in Kalkutta zurücklassen, wo er später operiert wurde.

Ärger gab es auch vom Charterer. Das Schiff war in Kalkutta völlig überbucht. Ich weigerte mich, mehr Container mitzunehmen, als es nach meinen Berechnungen möglich war. Ich hatte gehofft, ein Sachverständiger würde meine Berechnungen überprüfen, man wollte auch einen damit beauftragen, ließ es dann aber, weil man wohl ahnte, dass ich eher zu viel als zu wenig Ladung akzeptiert hatte.

Die nächste Reise stand, wieder einmal, unter keinem guten Stern. Wir waren, am 14. August 1994, auf dem Weg von Kalkutta nach Haldia, einem Hafen am Unterlauf des Hugli Rivers. Der junge Lotse Mr. G. war mir wohl bekannt. Ein paar Reisen zuvor hatte das Schiff unter seiner Führung eine Grundberührung und versenkte dabei auch eine Tonne. Nun saßen wir wieder in der Nähe von Royapur im Schlick fest. Nach ein paar Minuten hatten wir aber wieder Wasser unter dem Kiel. Zum Glück besteht der Grund aus weichem Schlick. Wohl um das zu entschuldigen, erzählte mir der Lotse, er verdiene etwa 7.000 Rupien. Auf seine Frage, was ich verdiene, mochte ich ihm nicht sagen, dass das etwa das Zwanzigfache sei.

Die Filipinos behaupteten, auf dem Schiff laste ein Fluch. Als gute Katholiken kennen sich die Filipinos auf diesem Gebiet ganz gut aus. Der 6. September 1994 bestärkte sie in ihrem Glauben. In Kalkutta geriet am Abend um halb neun beim

Beladen des Schiffes ein bengalischer Hafenarbeiter zwischen zwei Container. Er starb auf der Stelle. Es dauerte viereinhalb Stunden, bis man den Toten von Bord holte. Die Besatzung war in den Vorfall nicht involviert, da alle Arbeiten von den Indern ausgeführt wurden; auch die Kranfahrer waren ebenso wie die Vorleute Inder. Ich behandle dieses traurige Ereignis nur sehr kurz, weil wir nur wenig darüber wissen, wie es zu diesem entsetzlichen Unfall kommen konnte. Von unserer Besatzung gab es keinen Augenzeugen. Auch hartnäckiges Befragen der Stauerei hatte keinen Erfolg. Ich musste keine Berichte schreiben, niemand stellte an Bord Nachforschungen an. Es war so, als hätte es diesen Vorfall nicht gegeben.

Einen ähnlichen Unfall hatte es auf dem Schiff etwa zehn Jahre vorher gegeben. Wir lagen damals am 7. November 1984 im brasilianischen Hafen Angra dos Reis und luden an Deck leere stählerne Gasflaschen. Diese Gasflaschen waren auf Paletten festgezurrt. Die Ladung war für Algerien bestimmt. Während dieser Beladung um 10:45 Uhr wurde – verursacht durch einen unaufmerksamen Kranfahrer – ein Hafenarbeiter durch eine dieser schweren Paletten am Kopf getroffen. Er hatte auf der Lukenabdeckung des Laderaums Nr. 2 gestanden und fiel nun neben die Luke. Dort wurde er von der Palette unter sich begraben. Er zog sich schwere Kopfverletzungen zu. Eine Ambulanz holte ihn von Bord. Er starb noch am gleichen Tag. Abends wurde ich zum Büro des Hafenkommandanten gebeten, wo ein Protokoll über den Unfall aufgenommen wurde. Dort sprach niemand Englisch, und so dolmetschte die Tochter unseres Agenten, die mich begleitet hatte.

Ein paar Tage zuvor wäre ich beinahe zum Totschläger geworden. Ich war zum Essen an Land eingeladen worden, danach machten wir noch einen Zug durch die Gemeinde und landeten in einer Bar. Das Bier floss in Strömen, wir waren in ausgelassener Stimmung und scherzten mit den anderen Gästen. Irgendwie, aus Spaß, geriet ich mit einem Brasilianer aneinander. Ich umfasste ihn und hob ihn hoch. Dabei stieß er mit dem Kopf an die niedrige Decke. Als ich ihn absetzen wollte, fiel er wie ein Stein zu Boden und rührte sich nicht mehr. Eine Ambulanz wurde gerufen und holte ihn ab. Ich hatte die schlimmsten Befürchtungen. Doch anscheinend ging die Sache gut aus, denn ich hörte weiter nichts von dem Vorfall.

Nun aber zurück zur eigentlichen Geschichte. Als wir am 19. September 1994 Kalkutta verließen, hörten wir, dass in Indien die Pest ausgebrochen sei. Das bescherte uns bei unserer Ankunft in Singapur einen Platz auf der Quarantäne-Reede. Ein Arzt kam an Bord und untersuchte jeden Einzelnen von uns gründlich. Bei keinem wurde die Pest festgestellt, und wir durften an die Kai verholen.

Am 25. Oktober 1994 war es mal wieder so weit. Hier war es aber weniger Pech als, sagen wir mal, etwas unglückliche Personalpolitik. Um Kosten zu sparen, hatte man den Elektriker abgezogen, und das gegen meinen ausdrücklichen Rat. Nach Absprache mit dem »Chief« hatte ich vorgeschlagen, lieber auf den Dritten Ingenieur zu verzichten. Man hörte nicht auf uns. Ich erinnerte daran, dass auf jeder Reise von Kalkutta nach Singapur viele Kühlcontainer mit Shrimps befördert würden, in jedem Container bis zu 20 Tonnen. Wenn nur bei einem der Container die Kühlfunktion ausfällt, ist in diesen Breiten die Ladung schnell verdorben. Ziemlich oft fielen ein oder zwei Container aus, die Kühlaggregate waren defekt. Dem guten »Blitz«, so nennen Seeleute den Schiffselektriker, gelang es aber immer, die Sache in den Griff zu bekommen.

Am 25. Oktober gegen 15 Uhr auf der Reise von Kalkutta nach Singapur fiel die Maschine aus. Der Fehler lag an der Elektronik der Hauptmaschine. Das Schiff befand sich zu diesem Zeitpunkt in der Straße von Malakka. Wir trieben. Unseren drei Ingenieuren gelang es nicht, den Fehler zu beheben. Es fehlte wohl auch ein Ersatzteil. Wir informierten die Reederei und die Agentur. Am nächsten Tag um zwölf Uhr machte sich ein Hubschrauber mit einem Techniker an Bord von Kuala Lumpur aus auf den Weg zu uns. Wir warteten vergebens auf ihn. Wie es sich herausstellte, hatte man dem Piloten eine falsche Position mitgeteilt. Auf der Suche nach uns musste er, als sein Tank fast leer war, zum Auftanken zurückfliegen. Beim zweiten Anlauf klappte es dann, um 18:24 Uhr, den Techniker bei uns an Bord abzusetzen. Am Tag darauf, am 27. Oktober um 17:48 Uhr, war die Maschine repariert und wir konnten die Reise fortsetzen.

Fazit: Etwas später bekamen wir wieder einen Elektriker.

Das Schiff blieb seinem Ruf, verflucht zu sein, treu. Etwa zwei Jahre später fiel in Kalkutta einer der Zöllner bei der Durchsuchung des Schiffes in einen leeren Ballasttank. Er wurde schwer verletzt mit einer Bahre an Land gebracht und verstarb vier Tage später. Ich erfuhr davon erst beim nächsten Anlaufen des Hafens. Wohlweislich verschwieg ich das meiner Besatzung, aber sie hatten es trotzdem erfahren.

Auf diesem Schiff hatte es im Laufe der Jahre vier Todesfälle gegeben: der Tod des Hafenarbeiters am 5. November 1984 in Brasilien, der Freitod des 3. Offiziers am 26. März 1993, der Tod des Hafenarbeiters in Kalkutta am 6. September 1994 und der Tod des Zollbeamten in Kalkutta, der in einen Ballasttank gefallen war. Dazu zählten die Filipinos aber noch, als fünfter Fall, den Mord am Bootsmann in Hamburg am 24. Dezember 1986 von dem ich später berichten werde.

Neben den Schwierigkeiten, mit denen ich mich in Kalkutta herumschlagen musste, blieb aber auch etwas Zeit für Persönliches. Ich saß manchmal am Abend mit dem 1. Ingenieur, Peter S., zusammen beim Bier oder einem Glas Whisky. Er war damals der einzige Mensch an Bord, mit dem ich Deutsch reden konnte. Beim ersten dieser Treffen, als ob mir der tägliche Stress nicht reichen würde, erzählte er mir von seinem Schicksal, das einer Horrorgeschichte glich. Er war zweimal geschieden und dreimal dem Tod von der Schippe gesprungen. Er stürzte mit seinem Motorrad, dabei fuhr ein Bus ihm beide Füße platt. Sechs Wochen war er ohne Besinnung und lag ein Jahr im Krankenhaus. Danach kam er mit einem PKW von der Straße ab, streifte einen Baum und segelte, nicht angeschnallt, durch die Windschutzscheibe. Wie er mir sagte, wurde er 150 Meter vom Autowrack entfernt, im Grase liegend, gefunden. Peter S. arbeitete danach eine Zeit als LKW-Fahrer. Es geschah auf einer Autobahn in Bayern. Er lag als Beifahrer in der Koje und schlief. Als er aufwachte, lag er nur mit einer Unterhose bekleidet auf einer Wiese neben der Straße. Der Laster war gegen eine Eiche gefahren.

Sein Kollege, der Fahrer, war tot. Peter war nichts geschehen. Am selben Tag zerriss er seinen Führerschein.

Über Kalkutta und den großen Fluss zu berichten, ließ mir nicht viel Raum für Lustiges und Skurriles. Hier zwei Beispiele. Am 27. September 1986 wollten wir in den Hafen von Haldia, südlich von Kalkutta, einlaufen. Dazu musste eine Schleuse passiert werden. Das Schleusentor, zur Flussseite, wurde geöffnet. Davor schwamm aber eine Kuh und wollte, auf Zuruf des Schleusenpersonals, nicht weichen. Endlich sprang ein Bengale in die trübe Brühe und scheuchte als schwimmender Treiber das Tier an die Uferböschung und an Land. Genug Leute hatte der Schleusenmeister ja zur Hand. Beim Einlaufen in die Schleuse wurden vom Schiff aus zwei Leinen an Land gegeben. Die Leinen, eine vorne die andere achtern, wurden aufgenommen und neben dem langsam einlaufenden Schiff getragen und, sobald das Schiff seinen Platz in der Schleuse erreicht hatte, auf zwei Pollern übergeworfen. An Bord wurde die Leine dann durchgeholt und mit ihr das Schiff an die Pier gehievt. Der Witz war, wir hatten vorn und achtern nur zwei Leute zur Verfügung. Die Inder, die nichts weiter zu tun hatten als die Leinen zu tragen, hatten für jede Leine zehn Leute zur Verfügung.

Den nächsten, eher skurrilen Vorfall kann ich datummäßig nicht belegen, mich aber sehr gut daran erinnern. Die Reederei hatte eine Agentur in Kalkutta und eine andere in Madras. Mit der in Madras war man sehr zufrieden, mit der in Kalkutta nach einiger Zeit nicht. Das lag zum Teil daran, dass der für unsere Reederei zuständige Manager, Captain P. M., zu sehr dem Alkohol zugetan war.

Also wurde die Agentur in Madras darum gebeten, eine Dependance in Kalkutta zu gründen. Da hatte man aber die Rechnung ohne den Wirt gemacht. Die Leute, die vor Ort mit dem Aufbau der Agentur beauftragt waren, wurden einige Male heftig verprügelt. Nach einiger Zeit gaben sie ihr Vorhaben resigniert auf. Mir wurde gesagt, es sei in dieser Stadt ein Leichtes, für wenig Geld Männer anzuheuern, deren Gewerbe es ist, unliebsamen Zeitgenossen einen Denkzettel zu verpassen. Natürlich war nicht zu beweisen, wer die Auftraggeber waren, aber einen dringenden Verdacht habe ich schon.

Die Mädchen aus Nepal

Kalkutta war der Hafen mit den längsten Liegezeiten. Das erlaubte der philippinischen Besatzung, sich für ein paar Tage ein Mädchen an Bord zu holen. Sie bevorzugten durchweg statt der eher dunkelhäutigen Bengalinnen hellhäutige Damen aus Nepal. Das lief folgendermaßen ab: Kaum war das Schiff fest, ging der Funker, der im Hafen am meisten Zeit hatte, an Land und begab sich zu den entsprechenden Etablissements, nicht sehr weit vom Hafen entfernt. Da das Schiff regelmäßig Kalkutta anlief, hatten die meisten der Seeleute ein »festes« Mädchen. Die wurden von ihm eingesammelt und mit Taxis an Bord gebracht. Das ging aber nur bis 18 Uhr. War es später, wurde es etwas teurer. Wir kannten einen Taxifahrer mit Namen »Babula«. Gegen ein entsprechendes Aufgeld beförderte der die Damen im Kofferraum in den Hafen. Dem Funker brachte der Job im Hafen von Kalkutta den Spitznamen »Pussy Pilot« ein. Für die Damen gab es einen Festpreis. 24 Stunden kosteten 250 Rupien, etwa 13,50 DM.

In Kalkutta, dort hatten wir die längsten Liegezeiten, der Rekord lag bei 21 Tagen, wurde auf jeder Reise eine kleine Party an Deck gefeiert. Ein großer Grill wurde in Betrieb genommen, manchmal wurde ein Spanferkel gebraten. Der Elektriker hatte eine große Stereoanlage aufgebaut. Es wurde getanzt und einige versuchten sich als Karaoke-Sänger. An die Party am 31. Januar 1992 erinnere ich mich, weil es einen kleinen lustigen Vorfall gab. Wir hatten eine Amerikanerin an Bord, die Frau eines Besatzungsmitglieds. Sie bewunderte eines der Mädchen, etwa 17 Jahre alt, das einen tollen Solotanz hinlegte. Nach dem Tanz saßen sie nebeneinander. Das Mädchen hieß Radna. Plötzlich legte die Kleine den Kopf auf die Seite, sah die Dame schräg von unten an und fragte: »You like fock fock?« Vorher war sie der Amerikanerin aufgefallen, weil sie laut lachte und auf die Decke wies, wo zur Dekoration ein länglicher Luftballon angebracht war. Die Dame aus Nashville bemerkte, dass die Kleine aus einem kleinen Dorf aus Nepal wohl noch keinen Luftballon in ihrem Leben gesehen hatte. Ich ließ sie diskret wissen, so etwas habe sie sicher schon sehr häufig gesehen, war es doch nichts weiter als ein aufgeblasenes Kondom.

Das alles geschah unter den wohlwollenden Augen des Hafeninspektors Mr Kumar. Dieser freundliche Mann, dem die Sicherheit im Hafen unterstand, besuchte mich regelmäßig an Bord. Er trank zwei, drei Scotch mit Soda und drückte im Übrigen ein Auge zu. Einmal trank er zu viel und sagte, ich könne mir von ihm wünschen, was ich wolle. Er werde diesen Wunsch erfüllen. Ich hatte auch ein wenig zu tief ins Glas geguckt und mich ritt der Teufel. Er hatte ständig so ein neckisches Offiziersstöckchen bei sich, wohl aus Bambus, mit Leder bezogen und mit silbernem Knauf an beiden Enden. *Swagger stick*, nannten die Briten diesen symbolischen Ausweis der Macht, und von den britischen Kolonialherren stammte auch wohl das Stöckchen des Herrn Kumar. Kurz, ich bat ihn also um den Stock, den er mir gab, ohne auch nur einen Moment zu zögern. Als der Inspektor mich am nächsten Tag wieder besuchte, sagte ich ihm, das Ganze sei ein Scherz gewesen, und wollte ihm den Stock zurückgeben. Er sagte aber, ich solle ihn behalten. Im Übrigen hatte er aber einen anderen Stock bei sich. Ich schenkte ihm einen Flasche Scotch. Der Stock hängt jetzt in meinem Arbeitszimmer an der Wand.

Wer waren diese Mädchen? Ich erkläre das hier am Beispiel eines bildhübschen 16-jährigen Mädchens. Nennen wir sie Amita: Sie erzählte mir ihre Geschichte, die im Kern auch von den anderen jungen Frauen bestätigt wurde. Sie wuchs in Katmandu, der Hauptstadt Nepals, als Kind einer bitterarmen Familie auf. Ein Bekannter ihres Vaters versprach ihr einen Job im fernen Kalkutta, als Verkäuferin in einem Laden. Dieser »Bekannte« ihres Vaters war in Wahrheit ein skrupelloser Menschenhändler. Kaum in Kalkutta angekommen, wurde sie ohne Verzug in ein Bordell gebracht. 30.000 Rupien bekam der Händler von der Bordellbesitzerin für sie. Wie weit ihr Vater an dem Deal beteiligt war, wusste sie nicht. 30.000 Rupien waren damals circa. 5.000 Mark, also 2.500 Euro. Während der Entjungferung durch einen solventen Kunden wurde sie von mehreren anderen Mädchen festgehalten. Für diesen erbarmungslosen Akt musste der Kunde 500 Rupien (25 DM) bezahlen. Künftig musste sie täglich 25 Kunden bedienen. Aber, so sagte sie, fast erleichtert, das seien alles Inder, da gehe alles ganz schnell. Nicht einmal ausziehen müsse sie sich, der Kunde tue das auch nicht. Die Hose runter und in ein paar Minuten sei der Spuk vorbei.

Für die nächsten drei Jahre würde sie nun Mamasan, der Puffmutter, gehören. Kost und Logis frei, aber alle Einnahmen gehen an die Chefin des Bordells. Die 30.000 Rupien müssen abgearbeitet werden. Jeder Kunde bezahlt zwischen 30 und 60 Rupien, je nach Schönheit und Jugend des Mädchens. 30 Rupien, das waren damals etwa 1,80 DM, also 90 Cent. Für drei Jahre gehören die Mädchen Mamasan. Danach ist sie frei. Wenn sie will, kann sie gehen, wenn nicht, und was bleibt ihr schon anderes übrig?, arbeitet sie auf eigene Rechnung in diesem Haus weiter, muss aber die Hälfte ihrer Einnahmen an die Chefin abgeben. Sie kann sich aber auch, wenn sie später genug Geld beisammenhat, in einem der Häuser ein eigenes Zimmer kaufen, wobei das Wort »Zimmer« ein Euphemismus ist.

Diese stallähnlichen Behausungen sind nur ein paar Quadratmeter groß und nur mit einer schmalen Pritsche und einem kleinen Spind ausgestattet. Sie kosteten damals zwischen 10.000 und 20.000 Rupien. Die nächste Stufe des Aufstiegs wäre dann die Möglichkeit, sich selbst ein frisches Mädchen zu kaufen. Hier verschwimmen die Begriffe Täter und Opfer. Ein anderes Mädchen schien mir sehr jung zu sein. Als ich sie nach ihrem Alter fragte, sagte sie: »Maybe fifteen.«

Mich beeindruckte, mit welcher Gelassenheit diese armen Wesen ihr Schicksal hinnahmen. Sie waren durchweg fröhlich und verhielten sich wie gut erzogene junge Damen, tranken keinen Alkohol, wuschen die Wäsche der Filipinos und säuberten ihre Kammern. Vielleicht hat dieser Fatalismus mit ihrem Glauben, dem Hinduismus, zu tun. Karma und Samsara. Nach dem Karma hat jedes Handeln Folgen. Nach Samsara, der Wiedergeburt, wird der Mensch demnach belohnt oder bestraft. Jeder Mensch in einer misslichen Lage ist also selbst schuld daran, durch sein Verhalten in seinem Vorleben.

Manila und Cebu City

Es war Ende Dezember 1988 auf M/S »Kapstadt«. Das Schiff war im Linienverkehr zwischen Singapur und den philippinischen Häfen Manila, auf der Insel Luzon, und Cebu City, auf der Insel Cebu, beschäftigt. Einige der Besatzungsmitglieder waren mir noch gut bekannt. Traurig erfuhr ich, dass während meines Urlaubs der Bootsmann Pedro S. gestorben war. Er war im Laderaum beschäftigt, als er wohl einen Herzschlag erlitt und vom Zwischendeck in den Unterraum stürzte. Er war ein guter Mann.

Der 1. Ingenieur, Hans Stör, lebte in Manila. Er war mit einer Filipina verheiratet, die er in einer Bar kennengelernt hatte. Er lud mich am 23. Dezember 1988 zu sich ein. Er wohnte in einem schönen Haus im Stadtteil Parañaque. Er versorgte alles in allem nebst seiner Familie so um die zehn Personen, wohl Verwandte seiner Frau. Zum Haus gehörten auch zwei Affen und eine ewig kläffende Hündin, die vor Kurzem Junge geworfen hatte. Um die Treue seiner Frau mache er sich keine Sorgen, erwähnte der Chief, da passe schon die Verwandtschaft auf, die den Versorger nicht verlieren wolle.

Herr Stör war ein guter 1. Ingenieur, hatte aber eine Eigenschaft, die ich eher abstoßend fand. Das war seine Fäkalsprache. Zum Beispiel saßen wir beim Essen in der Messe. Er stand auf und verkündete lauthals: »Ich gehe jetzt mal kacken.« Wäre das nur einmal geschehen, hätte man darüber hinwegsehen können, aber bei ihm war es eine Gewohnheit.

Ich war schon vorher auf den Inseln gewesen und stellte fest, dass sich in Manila wenig geändert hatte. Der Sextourismus boomte in der Del Pilar Street wie eh und je. Es gab sogar deutsche Kneipen, zum Beispiel »Lili Marleen« und »Fischfang«. Als ich im »Fischfang« ein Bier trank, stritt sich der Wirt mit einem Gast. Der Gast hatte moniert, dass in der Linsensuppe, die er eben verspeiste, kein Essig sei. Der Wirt sagte, dass Essig auf dem Tisch stehe und der Gast ihn nach Belieben in die Suppe tun könne. Aber der Gast war nicht einsichtig. Da bat mich der Wirt um mein Urteil. Ich gab dem Wirt recht, mit dem Hinweis, dass man mit Essig gewürzte Suppe kaum von einer schlecht gewordenen und deshalb sauren Suppe unterscheiden könne. Da gab mir der Wirt das nächste Bier aus. Ich meine mich zu erinnern, dass diese Kneipe rund um die Uhr geöffnet war.

Die Gäste waren zum größten Teil auf Sex aus. Amerikaner, Australier und Europäer, darunter viele Deutsche. Kerle jenseits der siebzig mit blasser Haut und fetten Bäuchen. Kerle in Shorts und Unterhemden, an der Hand ein blutjunges Mädchen. Da reisten sie so weit, um ein bisschen zu bumsen, wenn es denn noch ging. Eine Nacht kostete ungefähr 25 DM, heute 12,50 €. Alkohol war auch billig. Zwischen 7 und 20 Pesos kostete die Flasche Bier in den Bars, 0,60 DM bis 1,60 DM. An jeder Ecke bekam man Angebote. »Massage? Blowjob? Very young girls!«

Ein junges, bildschönes Mädchen setzte sich neben mich auf den Barhocker. Ich war neugierig und fragte sie ein bisschen aus. Sie hieß Jolila und war 17 Jahre alt. Ihre ältere Schwester arbeitete in der »Butterfly Bar«. Sie aber war wenige Tage zuvor aus der Provinz gekommen und hatte bisher vier Kunden gehabt, alles Weiße natürlich, was damals hier so herumlief. Das verrückte junge Ding wollte unbedingt von einem Weißen schwanger werden, in der naiven Hoffnung, der werde sie dann heiraten.

Einige Wochen danach, am 1. März 1989, lagen wir wieder in Manila. Wir hatten einen neuen Ersten Ingenieur, Horst R., bekommen. Wir saßen abends in der »Butterfly Bar« auf ein Bier. (»Pay for one, get two.«) Plötzlich stürmte die junge Dame ganz außer Atem herein. Als sie mich sah, warf sie mir die Arme um den Hals und begann, aufgeregt zu erzählen. Verheiratet sei sie und habe seit einem Monat keine Periode. Sie sei endlich schwanger! Ihr Mann Hans sei ein Deutscher. Sie wohne bei ihm im Hotel. Man warte nur auf die nötigen Papiere, dann gehe es nach Deutschland. Er habe ihr streng verboten, allein eine Bar zu besuchen. Plötzlich aufgeregtes Rufen vom Eingang des Etablissements. Dort hingen neben dem obligatorischem Türsteher auch immer ein paar Mädchen herum, um Passanten hereinzulocken. Jolila, neben mir stehend, ließ sich zwischen die hohen Beine der Barhocker fallen und schlängelte sich zwischen ihnen zum Hintergrund der Bar, wo sie durch eine Hintertür verschwand. Da stand auch schon ein baumlanger Kerl in der Tür, kein bisschen *handsome* und wohl hoch in den Fünfzigern, ihr Mann Hans, auf der Suche nach seiner Frau, die nur mal ihre Schwester besuchen wollte.

Ich weiß nicht, wie die Geschichte ausging, kenne aber ein paar ähnliche Fälle. Mit nach Deutschland genommen, hätte die Ehe keine Chance, sie würde ihm bald zu Gunsten eines jungen attraktiven Mannes davonlaufen. Wie das Beispiel des 1. Ingenieur Hans Stör zeigt, wäre ein Zusammenleben auf den Philippinen eine Möglichkeit. Da würde die junge Dame es nicht riskieren, den Ernährer zu verlieren.

Einige Zeit vorher, am 3. Dezember 1988, besuchten wir Cebu City auf der Insel Cebu. Ganz in der Nähe, auf der Insel Mactan, verlor der Weltumsegler Ferdinand Magellan am 27. April 1521 sein Leben, als er sich dort mit dem

Häuptling Lapu Lapu anlegte. (Die Einheimischen waren unverschämt, weil sie nicht das Christentum annehmen wollten.)

Hier bekam ich einen Eindruck davon, wozu Menschen bei drückender Armut fähig sind. Ganz dicht beim Schiff stand eine schäbige Holzbude, ein besseres Brettergerüst. Ein paar Frauen verkauften dort Bier und Limonade. Ich setzte mich auf eine wackelige Bank und bat um ein Bier. Ein Mädchen fiel mir auf, noch ein halbes Kind, blond, mit langen Beinen, aber philippinischen Gesichtszügen. Die Mutter dabei, 35 Jahre alt, wie sie mir sagte. Ihre Tochter sei dreizehn Jahre alt. Der Vater sei ein holländischer Seemann. Als ich an meinem Bier nuckelte, sagte sie mir unverhofft, für den Preis von drei Äpfeln würde sie Fellatio mit mir treiben. Für ein wenig mehr Geld könne ich aber auch ihre Tochter haben.

Diebe auf dem Ganges

M/V »Durban«, 5. Juni 1995, auf dem Weg von Singapur nach Kalkutta.

Das Schiff ankerte auf der Reede »Gardenreach« und wartete auf die richtige Tide und den Lotsen, um die Reise auf dem Hugli River, einem Arm des Ganges, nach Kalkutta fortzusetzen. Es war am frühen Morgen, die Sonne war eben aufgegangen. Der Erste Offizier war auf der Brücke, ein Matrose patrouillierte an Deck. Wir wussten, dass auf dem Fluss mit Dieben zu rechnen war, und waren besonders wachsam.

Trotzdem näherte sich uns unbemerkt ein Boot, und es gelang ein paar Indern, achtern unbemerkt an Bord zu klettern. Dort lagen ein paar Festmacherleinen aus Kunststoff und etwa armesdick. Wir hatten die Leinen mit Bügelschlössern an Deck gesichert. Trotzdem gelang es den Dieben, eines der Schlösser aufzubrechen. Sie fierten die schwimmfähige Leine hinunter zu ihrem Boot. An Bord ihres kleinen Schiffes konnten sie die große und sehr lange Leine nicht nehmen. Das war auch nicht notwendig, sie befestigten das eine Ende der Leine am Heck ihres Ruderbootes und schleppten die Leine ab, mit der Tide stromabwärts.

Sie waren schon ein paar hundert Meter vom Schiff entfernt, als der 1. Offizier auf der Brücke aufmerksam wurde und den Diebstahl bemerkte. Er gab sofort Generalalarm. Die Mannschaft versammelte sich an Deck. Nun machten sich unsere häufigen Übungen bezahlt. Schnell wurde das Steuerbord-Rettungsboot zu Wasser gelassen und mit dem Ersten Offizier und ein paar Seeleuten bemannt. Sie folgten den Dieben, die zwar mittlerweile schon eine gute halbe Meile entfernt dem fernen Ufer zustrebten, aber wegen der langen schweren Leine im Schlepp, und weil sie rudern mussten nicht sonderlich schnell waren. Unser Boot holte auf, die Diebe merkten, dass sie nicht davonkommen würden, sie ließen ihre Beute fahren, und weil nun nichts mehr zu ziehen war, machten sie sich mit erhöhter Geschwindigkeit davon. Uns lag nichts an einer weiteren Verfolgung, wir wollten unsere Leine wiederhaben, und das hatten wir nun erreicht.

Das war aber noch nicht das Ende der Geschichte. In der Hektik der Verfolgung geriet beim Versuch, die Leine am Heck unseres Bootes zu befestigen, ein Ende dieser Leine in die Schraube. Es gelang den Leuten nicht, die Leine aus dem Propeller zu bekommen. Das Boot trieb hilflos mit der Tide flussabwärts.

Ich stand auf der Brücke und hatte das ganze Theater mit einem Fernglas verfolgt. In der Hektik hatte der Zweite Offizier versäumt, ein Walkie-Talkie, ein Funkgerät, mitzunehmen und mich über das Dilemma zu informieren. Aber ich hatte ja schon bemerkt, dass bei ihnen etwas nicht stimmte. Was war zu tun? Ich gab wieder Generalalarm. Schnell war das Backbord-Rettungsboot zu Wasser gelassen, mit dem Zweiten Offizier und ein paar Leuten bemannt. Sie machten sich auf den Weg, und als sie das Steuerbord-Boot erreichten, gelang es ihnen, von ihrem Boot aus die Leine aus der Schraube des anderen Bootes freizubekommen. Man kam zurück, die Boote wurden mit den Davits an Bord genommen und man genoss das verspätete Frühstück.

Viele Jahre zuvor, am 16. Februar 1985, hatte ich, so kann man es wohl nennen, einen Mordversuch verhindert. Auch damals lagen wir auf dem Hugli River vor Anker. Morgens um sieben Uhr stand ich neben dem Ersten Offizier auf der Brücke. Wir schauten nach vorn und sahen plötzlich zwei halbnackte Gestalten auf der Back. Sie machten sich am Einstieg zur Farblast zu schaffen, mit welcher Absicht, war uns klar. Wir zwei, der Erste Offizier und ich, hasteten die Treppe von der Brücke zum Hauptdeck hinab und rannten zum Vordeck. Die Diebe sahen uns erst, als wir nur noch ein paar Meter von ihnen entfernt waren. Sie hatten sich mit einer Eisenstange am Schloss der Farblast zu schaffen gemacht. Es waren zwei Jungen, wohl um die 15 Jahre alt. Als wir dicht bei ihnen waren, taten sie das einzig Richtige, sie sprangen über Bord. Nun tat der Erste Offizier, ein Filipino, etwas sehr Unüberlegtes. Auf der Back lagen einige *stacking cones* herum, das sind eiserne Staustücke, gut drei Kilo schwer, mit denen ein Container mit einem anderen verbunden wird. Der Erste Offizier griff sich eines dieser Teile und war dabei, es auf die beiden Knaben zu werfen, die viele Meter unter uns versuchten, in ihr kleines Boot zu klettern, welches sie an der Ankerkette angebunden hatten. Ich fiel ihm in den Arm. Hätte er geworfen und getroffen, so wäre mindestens ein Mensch gestorben. Später, als ich ihm ins Gewissen redete, sah er ein, beinahe einen sehr großen Fehler begangen zu haben.

Der Diebstahl der Leine erinnerte mich an eine Wette, die ich Jahre zuvor als Leichtmatrose verloren hatte. M/S »Hector« der Reederei DG »Neptun« hatte grade im Hafen von Abidjan (Elfenbeinküste) festgemacht. Ich gehörte zu der Crew, die vorn auf der Back dafür zuständig war. Der Bootsmann, er hieß, glaube ich, Huber und kam aus Bayern, bot mir an, um sechs Flaschen Bier zu wetten, dass ich es nicht schaffe, an einer der armdicken Festmacherleinen aus Manila (Hanffasern) von der Back aus an Land zu hangeln. Die Wette nahm ich gerne an, hatte ich diese Übung aus Spaß schon mehrmals geschafft. Ich kletterte also über die Verschanzung, hängte mich an die Leine und begann vom Schiff aus in Richtung Land zu hangeln. Etwa in der Mitte des Weges gab es plötzlich einen Ruck und ich sauste, mitsamt der Leine, abwärts in das trübe Wasser des Hafenbeckens. Der Bootsmann, dieser Schuft, hatte arglistig die Leine losgeworfen und mir so zu einem unverhofften Bad verholfen. Ich akzeptierte die verlorene Wette. Nach Feierabend vertilgten wir dann gemeinsam das Bier.

Ich möchte noch einmal kurz auf das Thema »Leinenklau« zurückkommen. Mit M/V »Durban« lagen wir am 3. Mai 1987 auf dem Fluss Karnaphuli vor Anker und warteten darauf, einen Liegeplatz im Hafen von Chittagong (Bangladesch) zu bekommen. Etwa eine halbe Seemeile entfernt ankerte das deutsche Schiff »Petra«, an Deck beladen mit EisenbahnWaggons. Auch »Petra« wartete darauf, einen Liegeplatz in Chittagong zu bekommen. Ich sprach über UKW mit dem Kapitän und erfuhr, dass er neu in diesem Fahrtgebiet sei. Ich warnte ihn vor nächtlichem Besuch. Darauf ließ er alle Festmacherleinen einschließen. Auf »Petra« befanden sich Brücke und Aufbauten vorn. Die Piraten enterten nachts achtern das Schiff, wohl bemerkt von der Besatzung des Schiffes. Statt den Dieben mutig entgegenzutreten, schlossen sie sich vorn ein. Die Diebe hatten genügend Zeit, achtern den Raum aufzubrechen, in dem die Leinen verstaut waren. Ihre Beute: fünf Festmacherleinen. Ohne die wird es dem Schiff nicht möglich gewesen sein, im Hafen von Chittagong festzumachen. Wie es weiterging, weiß ich nicht. Vielleicht gelang es ihnen, die Leinen, mit Hilfe ihrer Agentur, zurückzukaufen.

Tod eines Bootsmannes

Am 8. April 1987, wir waren auf dem Weg von Singapur nach Madras, bekam ich die Nachricht, dass unser ehemaliger Bootsmann, auf M/S »Durban«, Gerhard H., in Hamburg unter tragischen Umständen zu Tode gekommen war. Er hatte erst vor ein paar Monaten dieses Schiff verlassen, um seinen Urlaub anzutreten. Heilig Abend 1986 hatte der Junggeselle zwei junge Stricherinnen zu sich eingeladen. Das eine Mädchen war 14 Jahre alt, das andere 16.

Als Herr H. ein Bad in der Badewanne nahm, beschlossen die jungen Damen, ihren Gastgeber umzubringen und zu berauben. Sie warteten ab, bis der Bootsmann sich mit geschlossenen Augen die Haare wusch. Dann schlichen sie sich an ihn heran, und eine von ihnen warf einen angeschlossenen Föhn in die mit Wasser gefüllte Wanne. Das tötete den Mann auf der Stelle. Sie verließen die Wohnung unter Mitnahme verschiedener Gegenstände. Aber darüber habe ich nichts Näheres erfahren. Herr H. wurde 49 Jahre alt.

Die Schwester des Herrn H. fand ihren Bruder am zweiten Weihnachtstag leblos in der Badewanne. Aus dem Hahn lief heißes Wasser. Die beiden Täterinnen wurden schnell gefasst.

Mein Freund Mohammed

Als wir zum ersten Mal Chennai (Madras) anliefen, rannten mir verschiedene Schiffshändler die Bude ein. Im Wesentlichen ging es um die Belieferung mit frischen Lebensmitteln, alles andere kauften wir besser in Singapur. Ich hatte die Qual der Wahl und entschied mich schließlich für einen kleinen dünnen Mann mit Namen Mohammed Zahoor. Ich hatte die richtige Wahl getroffen. Die Qualität seiner Waren ließ, für indische Verhältnisse, nichts zu wünschen übrig, die Preise waren moderat. Hinzu kam, dass Mohammed ein Muslim war und, im Gegensatz zu manchen anderen Schiffshändlern, in der Lage war, Rindfleisch zu liefern. Steaks zum Beispiel waren unschlagbar günstig. Wie das in einem Land möglich war, in dem die Kuh ein heiliges Tier ist, kann ich nicht sagen.

Im Laufe der vielen Reisen nach Madras hatte ich mich ein wenig mit Mohammed angefreundet. Am 21. Juni 1985 – ich war Kapitän auf M/S »Durban« – wurde ich zum ersten Mal zu ihm nach Hause eingeladen. Ich wurde vom Zweiten Offizier, Friedhelm M., begleitet. Das große Haus war voller Gäste. Wie sich herausstellte, war Mohammed nicht nur ein Schiffshändler, sondern besaß auch eine Fabrik für Lederwaren aller Art. An diesem Abend wurde das Ende des Fastenmonats Ramadan gefeiert. Wir aßen aber nicht mit den übrigen Gästen, sondern allein mit Mohammed im »Besten Zimmer«. An der Wand hing eine große Kuckucksuhr aus Plastik, made in China. Er hatte damals vier Diener und einen Chauffeur. Zwei der Diener waren für seine beiden Söhne, etwa vier und fünf Jahre alt, zuständig. Sie waren noch selbst halbe Kinder.

Man servierte Hammel und Huhn auf gewürztem Basmatireis, dazu gab es eine scharfe Curry-Auberginen-Sauce.

Als ich Monate später meinen Urlaub zu Hause verbrachte, besuchte mich Mohammed zusammen mit einem Geschäftspartner. Ich hatte die beiden in Hamburg am Flughafen abgeholt. Wir fuhren zuerst nach Bremen, wo ich ihnen die Innenstadt zeigte. Es war die Zeit der Bürgerpark-Tombola. Mohammed kaufte eine Hand voll Lose und gewann zwei Pakete Instantreis! Die konnte er sicherlich gut gebrauchen. Danach fuhren wir zu uns. Meine Frau hatte ein Currygericht zubereitet, das den Gästen offensichtlich schmeckte, jedenfalls wenn genussvolles Schmatzen dafür ein Indikator ist. Sie schliefen bei uns und am nächsten Morgen brachte ich sie zum Bremer Hauptbahnhof, wo sie einen Zug nach Antwerpen bestiegen.

Am 28. August 1986 lagen wir wieder einmal in Madras. Auf der Reise davor hatte ich Mohammed nicht getroffen, er war auf Geschäftsreise. Seine Leute hatten seine Abwesenheit dazu genutzt, uns mit schlechten Lebensmitteln zu überhöhten Preisen zu beliefern. Auch dieses Mal war Mohammed nicht in Madras. Er war, glaube ich, in Bangalore. Als er erfuhr, das Schiff sei in Madras, flog er sofort zurück und kam an Bord. Ich berichtete ihm die Vorgänge der letzten Reise und zeigte ihm die überhöhten Rechnungen. Er war völlig zerknirscht. Drei seiner Leute wurden sofort fristlos entlassen, was ich nicht gewollt hatte. Er versprach für den nächsten Abend eine Wiedergutmachung. Er bestellte in einem Hotel für die ganze Besatzung ein tolles Menü und ließ es an Bord schaffen. Dort bedienten uns vier Ober – mit Frack und Fliege. Ich stellte das Bier zur Verfügung.

Als ich etwas später als Repräsentant für die Reederei arbeitete und auf ein gechartertes Schiff nach Madras kam, wurde ich am Abend des 20. Novembers 1986 – es war der Tag des Einlaufens – von Mohammed abgeholt. Es war schon ziemlich spät, aber er beharrte darauf, mich bei sich zu bewirten. Unterwegs kaufte er eine Flasche Whisky. Als wir bei ihm um 23 Uhr ankamen, wurde seine Frau aus dem Schlaf geholt. Seinen Fahrer schickte er los, um Tandoori-Huhn und Ciabatta zu besorgen. Dann, seine Frau hatte er wieder schlafen geschickt, feierten wir zwei ein bisschen. Er erzählte mir mal, bei einer früheren Gelegenheit, von seinen beiden Söhnen und erwähnte dabei, er liebe seinen jüngeren Sohn über alles und bevorzuge ihn natürlich vor dem älteren. Ich hatte ihm ins Gewissen geredet und ihm gesagt, er müsse beiden Kindern die gleiche Liebe zeigen. Er hatte sich das wohl zu Herzen genommen und bestand nach ein paar Gläsern Whisky darauf, mir den Beweis zu liefern. Aber nun war er in das andere Extrem gefallen. Er führte mich in das große Schlafzimmer der Familie. Ein paar Frauen und Kinder schliefen auf Matten auf dem Boden, auch seine Frau. In der einen Ecke stand ein großes Bett. Sein Bett. Und in dem großen Bett lag ein kleiner Junge, sein ältester Sohn, der nun die Ehre hatte, mit seinem Vater die Schlafstatt teilen zu dürfen.

Der Alkohol löst die Zunge, und so wurde er mir gegenüber sehr offen. Er erwähnte auch, er liebe seine Frau nicht, habe sie auch nie geliebt, sie sei nichts weiter als ein besseres Dienstmädchen für ihn. Aber das ist in einem Land, in dem fast alle Ehen arrangiert werden, wohl nicht ungewöhnlich. Zuletzt habe er vor sechs Wochen mit ihr geschlafen, sagte er und fügte hinzu, eine Geliebte habe er aber nicht.

Eine kleine Weihnachtsgeschichte

Weihnachten 1997 auf M/S »Independent Concept«. Nach der stürmischen Atlantiküberquerung von Ost nach West, bei der große Schäden am Schiff entstanden, war die Heimreise relativ friedlich verlaufen. Nun lag das Schiff in Antwerpen an der Pier, die Ladungsarbeiten sollten erst nach Weihnachten beginnen. Der Koch hatte an diesem 25. Dezember ein Spanferkel zubereitet, die Mannschaft hatte sich nun am Abend in der großen Messe versammelt und ich saß mit zwei Gästen, einem Ehepaar, an der Bar. Gegen 20 Uhr stand ein Fremder in der Tür, ein Mann im Trenchcoat, etwa 50 Jahre alt und klein gewachsen. Er fragte nach dem Kapitän. Ich bat ihn, sich neben mich zu setzen, was er auch tat. Dann begann er, mir seine Geschichte (oder *eine* Geschichte?) zu erzählen.

Er sei Kapitän auf einem Schiff der Reederei Laeisz gewesen und am Vortag, also Heiligabend, in Rotterdam abgemustert. Er sei dann nach Antwerpen gefahren, um dort an der Weihnachtsfeier im Internationalen Seemannsheim teilzunehmen. Nun, vor circa zwei Stunden, habe er bei einem Telefonat erfahren, dass seine Frau, 41 Jahre alt, und seine Tochter, 19 Jahre alt, bei einem Verkehrsunfall ums Leben gekommen seien. Beim Erzählen rollten ihm ein paar Tränen die Wange hinunter. Der Seemannspastor habe ihm den Liegeplatz eines deutschen Schiffes genannt, und so sei er denn mit einem Taxi zu uns in den Hafen hinausgefahren, um mit seinem Kummer nicht allein zu sein. Er nannte mir seinen Namen, Friedhelm Schwalm.

Ich war natürlich skeptisch, aber der Mann wirkte ziemlich überzeugend. Wir setzten uns an einen Tisch, jeder versuchte ihn, so gut es ging, zu trösten und die Stimmung war gedrückt. Ich dachte mir, er sei wohl ein Schwindler, aber eine arme Sau, der Weihnachten nicht allein verbringen wollte. Ein abgehalfterter Nautiker, vielleicht wirklich ein Ex-Kapitän, jedenfalls redete er wie ein Fachmann. Er trank mit uns zwei Flaschen Bier und ein Glas Wein. Ich ließ ihm in der Messe etwas zu essen geben; dort schlief er, nachdem er seinen Teller geleert hatte, auf einer Bank ein. Schwindler oder nicht, ich war mir nicht ganz sicher, aber niemand verdient es, am Weihnachtstag vor die Tür gesetzt zu werden. Ich ließ ihn wecken und in eine leere Kabine bringen.

Am Morgen darauf, schon vor acht Uhr, war er verschwunden. Das Bettzeug war unberührt, die Koje hatte er nicht benutzt und wohl sitzend im Sessel geschlafen. Seine Geschichte klang nicht sehr wahrscheinlich. Wer lässt sich, am

Tag vor Weihnachten, in Rotterdam ablösen und fährt dann, statt direkt nach Hause, nach Antwerpen, um dort an einer Weihnachtsfeier teilzunehmen? Wie auch immer, er war definitiv ein Nautiker, aber ein Mysterium blieb es für mich schon. Am gleichen Tag besuchte der deutsche, vollbärtige Seemannspastor Martin Posselt das Schiff. Ich erzählte ihm die Geschichte und erfuhr von ihm, die Beschreibung der Person passe auf einen Mann, der zwei Tage zuvor mit der Bitte um eine Unterredung an seine Frau herangetreten sei, er habe schwere Eheprobleme.

Wie auch immer, das Rätsel war nicht zu lösen. Und irgendwie passt das ganz gut zu Weihnachten.

Der Smutje

Die Seefahrt ist kein Zuckerlecken. Gearbeitet wird jeden Tag, sieben Tage in der Woche, auch an Feiertagen. Auf See ist das selbstverständlich. Im Hafen wird meistens auch rund um die Uhr gearbeitet, aber eben nicht immer. Manchmal ist es möglich, wenn die Umstände es zulassen, sich einen freien Tag zu nehmen. Das gilt nicht für den Kapitän, der ist immer im Dienst, was natürlich einen Landgang nicht ausschließt. Der Kapitän hat Privilegien, er als Einziger an Bord hat keine festen Arbeitszeiten, er bestimmt selbst, bis wann er morgens schläft und wann seine Anwesenheit an Bord im Hafen und auf der Brücke, auf See, notwendig ist.

Für Schiffsköche gilt das nicht. Beim Norddeutschen Lloyd waren sie zu dritt in der Kombüse, ein Koch und zwei Kochsmaaten, wovon im Idealfall der eine gelernter Bäcker und der andere gelernter Schlachter war. Da war es möglich, für den einen oder den anderen, sich einen freien Tag zu nehmen. Als ich dann Kapitän wurde, gab es nur noch einen Koch an Bord und der war meistens auch nicht so qualifiziert wie die Herren beim NDL. Nun liegt es in der Eigenheit der Menschen, dreimal täglich Nahrung zu sich nehmen zu wollen, nicht gezählt das Stück Kuchen am Nachmittag. Und das gilt ohne Ausnahme für jeden Tag, egal ob auf See oder im Hafen. Gesetzt den Fall, der arme Mensch hat einen Kontrakt für sechs Monate, so heißt das 180 Tage Arbeit ohne einen einzigen freien Tag. Erwähnen möchte ich noch, dass die Filipinos meistens einen Kontrakt für ein volles Jahr hatten. Wie ist das an Land? Maximal fünf Tage arbeiten und danach zwei Tage frei. Dazu kommen noch die Feiertage. Hier wird mir wohl jeder zustimmen, dass das Los eines Schiffskochs kein leichtes ist.

In diesem Licht ist es vielleicht auch zu verstehen, dass Angehörige dieses Berufsstandes ab und zu mal über die Stränge schlagen. Davon will ich berichten.

Filipinos

Auf M/V »Stade«, im Dienst zwischen Antwerpen und Nordamerika beschäftigt, hatten wir einen sehr guten Smutje. Das Essen war schmackhaft und wurde sowohl seinen philippinischen Landsleuten als auch den Europäern an Bord gerecht. Als die Reederei begann, Filipinos zu beschäftigen, die die deutschen Seeleute weitgehend ersetzten, war auch der Koch ein Filipino. Anfangs waren diese leider nicht in der Lage, europäisch zu kochen. Meine erste Begegnung mit einem Koch aus Manila war lustig. Ich bat ihn, eine große Kanne Kaffee zu kochen. Dazu ging ich in die Kombüse und sah staunend zu, wie der Koch einen großen Topf mit Wasser zum Kochen brachte und dann ein Paket gemahlenen Kaffee hineinrührte. Als ich ihn einen Tag später sah, wie er versuchte, gekochte weiße Bohnen zu schälen, hielt ich es für angebracht, ihm ein wenig unter die Arme zu greifen. Ich hatte mir bei meiner Frau rudimentäre Kocheigenschaften erworben. Ich war verblüfft, wie schnell der Mann lernte und sich zu einem tollen Küchenchef entwickelte. Seine Landsleute, die es gewohnt waren, dreimal am Tag Reis mit den nötigen Beilagen serviert zu bekommen, waren zufrieden, und wir zwei Europäer mit unseren Extrawürsten waren es auch. Spätere Generationen von philippinischen Köchen durchliefen in Manila einen Lehrgang, in denen ihnen die hohe Kunst der deutschen Küche vermittelt wurde.

Am 5. Oktober 1997 lag das Schiff im Hafen von Chester. Chester liegt im Bundesstaat Virginia am James River ganz in der Nähe der Hauptstadt Richmond. Geladen wurden da auf unserem Containerschiff ausschließlich Tabakwaren (Chesterfield). Am Vormittag kam der Koch zu mir und bat um eine Unterredung. Er druckste herum und nach längerem Zögern kam er endlich zur Sache. Er habe großen Kummer und wisse nicht, ob er in Zukunft in der Lage sei, einen guten Job zu machen. Er hatte einen Anruf von seiner Schwester, die in Japan lebte, bekommen. Sie berichtete ihm, sein 16-jähriger Sohn habe ein sechsjähriges Mädchen vergewaltigt und halte sich nun vor der Polizei versteckt. Kurz vorher hatte er mit seiner Frau telefoniert, die ihm aber den Vorfall verschwieg. Darüber war er besonders erschüttert. Sogleich wollte er sie wieder anrufen und zur Rede stellen. Ich sagte ihm, seine Frau habe ihm wohl die Sache verschwiegen, um ihn nicht für den Rest der Reise zu belasten, er solle sie lieber trösten. Das tat er dann auch. Seine Ablösung war ohnehin für das nächste Anlaufen Antwerpen geplant und entgegen seinen Befürchtungen litt seine Kochkunst bis zur Ankunft dort nicht unter seinem Kummer.

Kündigung in Lissabon

Jahre vorher lagen wir mit M/S »Gotland« im Hafen von Lissabon. Meine Frau und die Frau des 1. Ingenieurs waren in Göteborg an Bord gekommen und machten die Rundreise mit. In Göteborg hatten wir auch einen neuen Koch bekommen, der nicht sehr gut, aber auch nicht sehr schlecht war. Damit waren wir dank der Personalknappheit jener Zeit ganz zufrieden. Man soll den Tag nicht vor dem Abend loben. Am Abend des Ankunftstags – es war eine Liegezeit von drei Tagen eingeplant – ging der Koch mit ein paar anderen von der Crew an Land. Ganz in der Nähe des Liegeplatzes gab es ein paar nette Kneipen, in denen es außer Alkohol auch Liebe zu kaufen gab. Meine Frau und ich machten einen Bummel durch die Alfama, die Altstadt, und landeten in einem Fado-Lokal. Wir hatten einen schönen Abend, den wir später an Bord noch mit einem Glas Vinho Verde abschlossen.

Am nächsten Morgen um acht Uhr freuten wir uns auf ein schönes Frühstück und gingen hinunter in die Offiziersmesse. Der Tisch war nicht gedeckt, keine Kaffeekanne mit verheißungsvollem Duft stand dort. Ich begab mich in die Kombüse und sah die Frau des 1. Ingenieurs am Herd hantieren. Vom Koch war nichts zu sehen. Ich ging hinaus an Deck und fragte den 1. Offizier, ob er wisse, wo der Koch sei. Der sei noch nicht vom Landgang zurück, sagte er mir. Ich ging zurück in die Kombüse. Dort waren die beiden Damen inzwischen damit beschäftigt, Kaffee zu kochen und ein paar Eier zu braten.

Der Koch kam am Nachmittag schwankend zurück an Bord, er war volltrunken und begab sich sofort in seine Koje. Unsere Frauen hatten sich inzwischen um das Mittagessen für die gesamte Besatzung gekümmert und taten das später auch beim Abendessen. Ich hatte ihnen einen Mann der Decksbesatzung zur Hilfe beigestellt.

Ich ordnete an, den Koch, sobald er auftauche, zu mir zu schicken. Etwa um 20 Uhr klopfte er an meine Tür, nun einigermaßen nüchtern, er hatte sich wieder landfein gemacht. Ich las ihm die Leviten und händigte ihm eine Abmahnung aus. Er gelobte Besserung und ging wieder an Land.

Am nächsten Morgen wiederholte sich das Desaster, wieder kein Koch in der Kombüse, wieder mussten unsere Frauen für die Stopfung der hungrigen Mäuler herhalten. Mir reichte es jetzt. Am frühen Nachmittag sagte mir der Wachoffizier, der Koch sei zurück an Bord. Ich ging zu seiner Kammer und klopfte an. Der Unglückselige war dabei, sich umzuziehen, und band sich gerade die Kochschürze um den Schmerbauch. Ich fragte ihn, was das solle, und er sagte mir, er sei wieder fit und werde sich jetzt um das Abendbrot kümmern. Ich schüttelte den Kopf und sagte ihm, ab heute Mittag sei er nicht mehr an Bord beschäftigt, und überreichte ihm die fristlose Kündigung. Ich musste das tun, um nicht zuzulassen, dass die Disziplin an Bord den Bach runterging. Wenn ich solches Verhalten dem Smutje durchgehen lassen würde, müsste ich darauf gefasst sein, dass es ihm andere gleichtäten. Ich will nicht verschweigen, dass die Anwesenheit unserer beiden Ehefrauen mir die Entscheidung leichter machte. Andererseits hatte der Koch wahrscheinlich darauf gesetzt, dass er unersetzlich sei.

Der Koch hatte keine Wahl und akzeptierte die Kündigung. Er bat darum, ihm über die Agentur ein Flugticket nach Hamburg zu besorgen. Ich war wütend auf ihn und wollte ihm, ich muss es gestehen, einen Denkzettel verpassen. Ich sagte ihm, ein Flugticket sei nicht drin, da ich nicht wisse, ob sein Guthaben bei der Reederei ausreiche, den Flug zu bezahlen. Zumal, so sagte ich ihm, würde die Reederei, die ich mittlerweile informiert hatte, versuchen, einen Ersatzmann nach Lissabon zu schicken, und dessen Flug müsse er dann auch bezahlen. Mir war natürlich klar, dass die Reederei in der Kürze der Zeit keinen Koch nach Lissabon schicken würde. Der Mann bekam also einen Fahrschein für die Eisenbahn, und es war erfreulich, dass er auf der sehr, sehr langen Reise Zeit hatte, um über sein Verhalten nachzudenken.

Im Übrigen machten die beiden Damen, unterstützt von einem Decksmann, ihre Sache in der Kombüse recht ordentlich.

Alkohol

Mit Köchen auf Schiffen unter deutscher Flagge gab es häufig Ärger wegen des übermäßigen Konsums von Alkohol. Im Dezember 1983 befand sich M/S »Kapstadt« auf dem Nordatlantik auf dem Weg von Antwerpen nach New York. Der Koch, Franz K., war Österreicher. Er trank entschieden zu viel und trat mehrere Male angetrunken seinen Dienst an. Mir war zuerst nicht erklärlich, woher er den Alkohol hatte, da ich die Ausgabe von Alkohol kontrollierte. Das geschah folgendermaßen: Einmal in der Woche wurde Alkohol und andere Kantinenwaren herausgegeben. Die Besatzungsmitglieder schrieben ihre Bestellung auf ein Ticket. Das legte mir der Steward vor und ich akzeptierte die Wünsche oder strich sie, wenn nötig, zusammen. Die Bestellungen des Kochs waren bisher immer moderat gewesen. Am 4. Dezember machte ich einen Kontrollgang durch die Provianträume. Da fiel es mir wie Schuppen von den Augen. Der Mann aus der Alpenrepublik hatte sich über den zum Kochen bestimmten Wein hergemacht, wollte mir aber weismachen, den Wein hätte er zum Kochen gebraucht. Nur ein paar Flaschen standen noch im Regal. Tage später, wir waren inzwischen in New York gewesen, war er mal wieder betrunken. Ich glaubte, der Elektriker habe ihn versorgt, oder er hatte sich in New York etwas gekauft. Von mir hatte er jedenfalls keinen Alkohol mehr bekommen. Ich versammelte die gesamte Mannschaft und machte klar, gegen jeden vorzugehen, der den Smutje mit Alkohol in welcher Form auch immer versorge.

Das ging eine ganze Zeit lang gut, erst am 31. März – wir befanden uns an der Westküste Afrikas – fiel mal wieder das Abendessen aus, der Elektriker hatte dem Koch wohl eine Flasche Bacardi besorgt. Als Konsequenz war es von da an auch für den Blitz eine trockene Reise.

Bratwürste

Noch länger zurück, am 10. August 1976 auf M/S »Gotland«, schrieb ich einen Brief an meine Frau. Ich berichtete ihr, der Koch – natürlich ein Deutscher – sei so betrunken gewesen, dass er mit der Nase in die Bratpfanne gefallen sei und sich dabei das gute Stück verbrannt habe. Wohlweislich verschwieg ich eine Aktion, die sich kurz zuvor gegen diesen unglückseligen Mann gerichtet hatte. Wohl um es sich leicht zu machen, gab es zum Abendbrot sehr häufig Bratwürste. Eines Tages war es mal wieder so weit. Aber nun geschah etwas Unerwartetes. Die Mannschaft war begeistert, fast jeder wollte einen Nachschlag, der Steward rannte zwischen der Kombüse und den beiden Messen hin und her, um neue Bratwürste zu liefern. Der Mann am Herd kam kaum mit dem Braten nach. Na, endlich war die Crew mal zufrieden mit ihm!

Das böse Erwachen kam für ihn am nächsten Morgen. Als er die Kombüse betrat, hätte ich gerne sein Gesicht gesehen. An der Decke hingen Girlanden aus Bratwürsten, jede säuberlich in ein Kondom verpackt, und schaukelten sanft mit der Schiffsbewegung hin und her. Ich muss eigentlich nicht erwähnen, dass es von da an keine Bratwürste mehr zum Essen gab. Das war uns auch wieder nicht recht!

Grillabend in Beirut

Am 17. Juli 1983 lagen wir mit M/V »Hammedeich« in Beirut. Im Land herrschte der Bürgerkrieg. Das hielt uns aber nicht davon ab, für diesen Abend einen Grillabend zu veranstalten. Als der Agent am Nachmittag das Schiff besuchte und nach mir fragte, sagte ihm der Wachoffizier, ich sei auf dem Bootsdeck. Er betrat das Bootsdeck, wo man dabei war, die Vorbereitungen für das Grillen zu treffen und ich mit dem Koch ein paar Einzelheiten besprach.

Der Herr von der Agentur zeigte sich sehr interessiert und fragte mich, ob er am Abend zusammen mit zwei Kollegen am Grillen teilnehmen dürfe. Das war mir eigentlich nicht recht und ich überlegte, wie ich ihn davon abbringen könne. Da der Agent mit Vornamen Mohammed hieß, schloss ich daraus, dass er Muslim sei. Ich zwinkerte dem Koch zu und sagte zum Agenten, er sei herzlich eingeladen, aber leider habe der Koch für diesen Abend nur Bratwürste, Nacken und Koteletts aufgetaut, alles vom Schwein. Was war ich doch für ein schlaues Kerlchen! Der Agent antwortete, das sei kein Problem, er esse natürlich kein Schwein, aber es sei ihm ein Vergnügen, für Ziegenfleisch zu sorgen. Vielen Dank für die Einladung!

Die Party war für 20 Uhr geplant. Um 19 Uhr fuhr ein Pick-up vor die Gangway. Der Koch fachte den Grill an und ich stand neben ihm, als wir ein lautes Meckern hörten. Ein Mann kam die Treppe zum Bootsdeck hinauf und trug eine Ziege auf dem Arm. Er steuerte zielsicher auf den Mann mit der Kochtracht zu und versuchte, ihm das Tier zu überreichen. Ich machte mir den Spaß und drückte dem Smutje ein großes Fleischmesser in die Hand. Da verweigerte mir der Koch den Gehorsam!

Ich erklärte dem Mann das Problem, der Herr sei Koch und kein Schlachter. Also zog er mit dem Tier wieder ab, mit dem Versprechen, die Sache an Land erledigen zu lassen. So geschah es auch, die Gäste erschienen, was für Araber unüblich ist, pünktlich um 20 Uhr und hatten eine Kiste mit Ziege dabei. Es wurde ein sehr schöner Abend, es wurde gegessen und getrunken und, von einer Gitarre begleitet, gesungen. Ich glaube, nur die drei Gäste aßen vom Ziegenfleisch.

Ich bin Gast

Als ich, 26. Oktober 1986, meine Zeit auf M/S »Durban« fast rumhatte und meinen wohlverdienten Urlaub antreten wollte, teilte mir der Reeder mit, man beabsichtige einen eigenen Liniendienst zwischen Indien, Bangladesch und Singapur aufzuziehen. Dumm nur für mich, dass man mich als Repräsentant für die Neugründung ausersehen hatte. Da man mich nett darum bat, sagte ich zu, unter der Voraussetzung, Weihnachten zu Hause zu sein. Man hatte auch schon ein erstes Schiff gechartert, M/S »Eos«. Die Besatzung des Schiffes bestand aus zwölf Philippinos, vier Männern aus Somalia und zwei Deutschen, dem Kapitän und dem Ersten Ingenieur. Die Frau vom Ersten Ingenieur war auch an Bord. Ich sollte, um mir einen Eindruck zu verschaffen, die erste Reise von Singapur nach Kalkutta mitmachen. Mir gefiel das Bordklima auf diesem Schiff nicht. Das Verhältnis zwischen der deutschen Schiffsführung und den Filipinos war, um es euphemistisch auszudrücken, nicht das beste. Und hier komme ich wieder auf das Thema »Koch«. Wir vier Europäer aßen getrennt von der übrigen Besatzung. Die Somalier sprachen kein Englisch, was bei einem Verdienst von fünf US-Dollar am Tag auch nicht unbedingt zu erwarten war. (Filipinos sprechen sehr gut Englisch.) Wir saßen also zu Tisch und warteten auf das Essen. Bedient wurden wir von einem Somali, mit dem wir uns nicht verständigen konnten. Wir bekamen also einfach irgendein Essen vorgesetzt. Am ersten Abend gab es Steaks. Alle waren auf eine Art gebraten, die uns vieren nicht gefiel. Ich esse Steaks, zum Kummer fast aller Köche, gerne durchgebraten. Meins war entschieden zu roh. Ich war nur Gast an Bord und fragte den Kapitän höflich, ob er nichts dagegen habe, wenn ich mit meinem Teller in die Kombüse ginge, um dort mein Steak in eine Schuhsohle verwandeln zulassen. Er stimmte erstaunt zu und ich marschierte in die Kombüse, gleich um die Ecke. Der Koch fiel mir fast um den Hals, endlich äußere mal jemand einen Wunsch. Wie es schien, gab es überhaupt keine Kommunikation zwischen der Schiffsführung und dem Mann in der Kombüse. Wie ich in den nächsten Tagen erfuhr, war der Koch sehr gut. Ihm fehlte nur die Resonanz. Jeden Morgen ging ich in die Kombüse und bestellte mir mein Rührei so, wie ich es gerne hatte, mit Zwiebeln, Tomaten und Paprika, dabei schwatzten wir ein wenig und ich schaute neugierig in die Töpfe. So wie ich es während meiner ganzen Fahrtzeit als Kapitän immer gehalten hatte. Den Kapitän und den 1. Ingenieur hatte ich zumindest nachdenklich gemacht.

Der Zweite Ingenieur kocht Erbsensuppe

Auf M/S »Durban«, am 19. September 1986 in Singapur, ging unser Koch zum Arzt, weil er unter Hämorriden litt. Der Doktor fand eine sofortige Einweisung in ein Krankenhaus notwendig. Einen neuen Koch würden wir erst einige Tage später im nächsten Hafen erhalten. Wir retteten uns dadurch über die Zeit, dass jeder, der mal Lust hatte, in der Kombüse zu stehen, seine kulinarischen Fähigkeiten beweisen konnte. Ich schloss mich da nicht aus. Zwei Tage war der 2. Ingenieur, Götz, dran. Am ersten Tag hatte er eine schöne Erbsensuppe gekocht und wollte sie, wie er es von zu Hause kannte, mit einer ordentlichen Handvoll Majoran würzen. Dabei griff er dummerweise in die Tüte mit dem schwarzen Tee. Das Ergebnis war ungenießbar.

Zeitumstellung

Als mich lange Zeit vorher auf einer Reise nach Israel meine Frau und mein Sohn begleiteten, half mir der Koch bei einer erzieherischen Maßnahme. Wie bekannt gibt es zwischen Mitteleuropa und Israel einen Zeitunterschied von einer Stunde. Wir mussten also auf der Hinreise die Uhr einmal eine Stunde vorstellen. Das geschah während einer Nacht. Als es so weit war, teilte ich das meiner Frau und meinem Sohn mit. Der Knabe fragte schnippisch, wer das bestimme, und ich sagte, das sei der Kapitän, also ich. Das gelte für ihn nicht, sagte der Junge, der damals in einem Stadium war, in dem Jungen ihren Eltern gerne widersprechen. »Wie du meinst«, sagte ich und gedachte, ihm eine Lektion zu erteilen. Nun kommt der Koch ins Spiel, der mitmachte. Als der Knabe am nächsten Morgen um acht Uhr (nach seiner Zeit) hinunter in die Messe ging, war der Tisch nicht mehr gedeckt. Wie zu erwarten, begab er sich in die Kombüse und verlangte vom Koch seine Spiegeleier. Der Koch wies auf die große Uhr an der Wand und sagte ihm, Frühstück gäbe es nur bis halb neun, und nun sei es bereits neun Uhr. Mit knurrendem Magen zog mein Sohn davon.

Drama im Nordatlantik

Der Name des Schiffes war M/V »Stade«. Eine amerikanische Reederei hatte das Schiff gechartert und setzte es zwischen Antwerpen und, vor allen Dingen, dem amerikanischen Hafen Chester ein. Chester liegt am James River, im US-Staat Virginia, nahe der Hauptstadt Richmond. Das Schiff hatte ausschließlich Container geladen; in Richtung USA bestand deren Inhalt aus allem Möglichen; nach Europa vor allen Dingen: Tabakwaren, ein Exportschlager der Wirtschaft des Staates Virginia.

Das Drama ereignete sich am 5. Februar 1999, gegen 14:30 Uhr Ortszeit, auf dem Weg von Antwerpen nach Chester auf dem winterlichen Nordatlantik. Position: 40°01' N 67°05' W. Wir ließen uns vom Wetterdienst über die bestmögliche Route beraten, waren aber trotzdem in einen schweren Sturm geraten. Der Wind kam aus Nordwest, mit einer Stärke von gut zehn Beaufort. Die Wellen erreichten eine Höhe von circa acht Meter. Wind und Wellen kamen ungefähr quer von Steuerbord. Schwere Brecher schütteten Tonnen von Wasser über das Hauptdeck.

Ich hatte alle notwendigen Maßnahmen angeordnet, der Routine entsprechend. Eine Checkliste mit dem Namen: »NAVIGATING IN HEAVY WEATHER« wurde abgearbeitet. Sämtliche Stahltüren von den Aufbauten zum offenen Deck waren verrammelt worden, der Besatzung war befohlen, nicht an Deck zu gehen, und alle beweglichen Gegenstände waren, so weit wie möglich, gesichert worden.

Am 5. Februar um 14:36 Uhr schrillte der Alarm: »Mann über Bord!« Von der Brücke wurde sofort ein Rettungsring mit Rauchsignal ins Wasser geworfen. Ich eilte auf die Brücke, wo ich nur wenige Sekunden nach dem Ertönen des Alarms eintraf, wohnte ich doch nur ein Deck unter dem Brückendeck. Das Ruder wurde besetzt, bisher war das Schiff mit dem Autopiloten gesteuert worden, und über Backbord leitete ich ein Drehmanöver auf Gegenkurs ein; wir gingen mit der Geschwindigkeit auf »Ganz langsam voraus« und nahmen Kurs auf den über Bord geworfenen Rettungsring, der durch das Rauchsignal gut auszumachen war. Trotz des Sturmes war der Himmel blau und die Sicht gut. Die gesamte Besatzung, bis auf ein, zwei Mann im Maschinenraum, war auf die Brücke geeilt und hielt von beiden Brückennocken aus Ausguck. Ich setzte einen Dringlichkeitsruf über UKW ab. Ein Schiff meldete sich; der holländische Frachter »Wagenborg«, nicht sehr weit von unserer Position entfernt, änderte seinen Kurs auf die von mir angegebene Position, um sich an der Suche nach dem über Bord gefallenen Besatzungsmitglied zu beteiligen.

Um 14:46 Uhr passierten wir den Rettungsring mit dem Rauchsignal, um 14:50 Uhr sahen wir eine Jacke im Wasser treiben, drehten das Schiff wieder um auf Gegenkurs und setzten die Suche fort.

Um 15:22 Uhr meldete der Koch, er habe eine Person an der Backbordseite an Deck liegen sehen; es handelte sich um den angeblich über Bord gegangenen Mann. Wir steuerten das Schiff direkt gegen die See und bargen den Mann. Ich informierte M/V »Wagenborg« und bedankte mich für ihre Hilfe.

Was war geschehen? Ich muss an dieser Stelle ein paar Zeilen über schiffbauliche Eigenheiten einfügen. Neben der Hauptmaschine, damit ist der Motor gemeint, der dafür sorgt, dass sich die Schraube dreht und das Schiff vorwärts- (oder zurück-)treibt, gibt es im Maschinenraum auch noch mehrere sogenannte Hilfsdiesel. Die sorgen für den Strom an Bord. Nebenbei sei erwähnt, dass es meistens auch noch einen Wellengenerator gibt, der Strom erzeugen kann, solange sich die Welle dreht, also nicht, wenn das Schiff nicht in Fahrt ist. Strom wird gebraucht für alle möglichen Aggregate, für Pumpen, für die Lastenkräne, für Kühlcontainer, das Bugstrahlruder, für den ganzen normalen Bordbetrieb etc. Auch die Feuerlöschpumpen werden, wenn nötig, mit Strom betrieben.

Falls ein Feuer im Maschinenraum ausbricht, sind möglicherweise auch die Hilfsdiesel betroffen und können keinen Strom für die Feuerlöschpumpen liefern. Für diesen Fall gibt es einen kleinen Notgenerator, der nicht im Maschinenraum stehen darf. Auf diesem Schiff befand sich der Generator in einem kleinen Raum auf dem Hauptdeck, achtern in den Aufbauten, sozusagen auf dem untersten Deck unterhalb der Brücke. Der Raum war nur vom Außendeck erreichbar und durch eine Tür, die mit Vorreibern wasserdicht verschlossen werden konnte.

Nach Angaben des einzigen Zeugen, des philippinischen Ölers Antonio B., war Folgendes passiert: Im Maschinenkontrollraum wurde »Alarm« für den Notgeneratorraum angezeigt. Dieser Alarm wurde dadurch ausgelöst, dass eine geringe Menge Wasser in den Raum eingedrungen war. Der Dritte Ingenieur, Benny J., hatte den Alarm entgegengenommen.

Was hätte er tun müssen? Er hätte auf der Brücke anrufen müssen und dem Wachoffizier die Lage schildern. Der WO hätte mich informiert. Ich wäre auf die Brücke geeilt. Wir wären mit der Fahrt auf »Ganz langsam voraus« gegangen, wir hätten das Schiff direkt gegen Wind und Wellen gedreht, und ohne Gefahr hätten wir Zugang zum Notgeneratorraum gehabt, um die Lage zu erkunden und entsprechend zu handeln.

Was hat er getan? Es gab einen Notausstieg aus dem Maschinenraum, und der endete an Deck, einige Meter von der Tür des Notgeneratorraums entfernt. Niemand wurde vom Dritten Ingenieur, B. J., informiert. Er wies den Öler an, ihm zu folgen. Sie verließen die Maschine durch den Maschinennotausstieg und begaben sich zum Notgeneratorraum. Sie sahen, dass die Vorreiber des Raums nicht ganz angezogen waren, zogen sie fest an und sicherten sie zusätzlich mit einer Schraube und Mutter. Sie machten sich zurück auf den Weg zum Einstieg in die Maschine, der Backbord von der Tür des Notgeneratorraums lag. Von Steuerbord brach eine schwere Welle über sie herein, traf sie von hinten. Der Öler wurde an Deck geschleudert, er erlitt Prellungen. Er sah, dass der Dritte Ingenieur nach Backbord hinweggespült wurde. Er lief in den Maschinenraum, traf dort den Zweiten Ingenieur und informierte ihn, der Dritte Ingenieur sei über Bord gegangen. Das war, wie sich später herausstellte, eine Fehleinschätzung.

15:26 Uhr: Der Dritte Ingenieur, der ohne Bewusstsein war, wurde geborgen und auf einer Tragbahre zur nächsten, freien Kabine gebracht. Er wurde entkleidet und in Decken gehüllt. Äußerlich waren schwere Kopfverletzungen erkennbar. Sein Puls betrug 68, die Körpertemperatur 34,5 Grad und der Blutdruck 100/60.

15:45 Uhr: Da das Schiff nicht sehr weit vor der Küste der USA stand, rief ich den Charterer in Richmond an, schilderte kurz den Fall und bat darum, die USCG (United States Coast Guard) zu informieren und die um Hilfe zu bitten.

16:20 Uhr: Die USCG rief an. Ich schilderte Symptome des Verletzten. Man sicherte uns die Entsendung eines Hubschraubers mit einem Notarzt an Bord zu.

17:15 Uhr: Der Patient erbrach Wasser, sein Zustand verschlechterte sich, soweit wir das beurteilen konnten. Ihm wurde eine Sauerstoffmaske angelegt.

17:30 Uhr: Der Patient hörte auf zu atmen, ein vor Mund und Nase vorgehaltener Spiegel beschlug nicht. Kein messbarer Puls. Nach unserer Meinung verschied der Verunglückte zu diesem Zeitpunkt. Trotzdem begannen wir mit einer Herzmassage.

18:15 Uhr: Ankunft des Hubschraubers. Ich sprach über UKW mit dem Piloten. Wir hatten vorher einen Kurs von 360 Grad gesteuert, um dem Hubschrauber entgegenzufahren, nun änderten wir auf Anweisung des Piloten den Kurs auf 60 Grad. Für das Abseilen des Arztes und die anschließende Bergung des Opfers hatten wir eine relativ freie Stelle auf dem vierten Deck, achtern, vorgesehen.

Der Hubschrauber schwebte gefährlich nahe über dem Schiff, man versuchte mehrmals, eine Rettungsleine herabzulassen, aber die Stärke des Sturms und die starken Bewegungen des Schiffes in der hohen See verhinderten ein Glücken der Operation. Ich hatte Angst um die Sicherheit des Hubschraubers, die Operation wurde um 18:48 Uhr abgebrochen und der Hubschrauber flog zu seinem Stützpunkt zurück.

19:38 Uhr: Leutnant King von der USCG rief mich an und bat um Kontrolle, ob die Pupillen des Verunglückten auf Licht reagierten, was sie nicht taten. Er stellte in Aussicht, bei Tagesanbruch des nächsten Tages nochmals einen Hubschrauber zu schicken, falls das Wetter es erlaube und der Verunglückte wider Erwarten ein Lebenszeichen zeige.

6. Februar 1999, 18:12 Uhr: Ein Lotse (Delaware Pilot) kam an Bord.

7. Februar 1999, 00:18 Uhr: Das Schiff war fest im Hafen Chester, um 00:36 Uhr kamen ein Coroner (Leichenbeschauer) und andere Behörden an Bord. Noch in der Nacht um 01:30 Uhr kam ein katholischer Priester im Talar an Bord und zelebrierte, im Beisein der gesamten Besatzung und mir, eine Totenmesse. Anschließend versprühte er Weihwasser in allen bewohnten Kabinen. Ich ließ das auch in meinen Räumen zu. Um 02:00 Uhr wurde der Verstorbene auf Anordnung des Coroners von Bord gebracht.

Ich machte mir Vorwürfe. Welche Vorkehrungen hätte ich, über das Getane hinaus, treffen müssen, um so eine Katastrophe zu verhindern? Ich weiß es nicht, und das bedrückt mich noch heute, nach so vielen Jahren. Was mir noch zu tun blieb, war, einen Brief an seine Frau zu schreiben und ihren verstorbenen Mann als das zu schildern, was er war. Ein guter, fleißiger Ingenieur mit hohem Pflichtbewusstsein und ein beliebter Kollege und Kamerad in der Bordgemeinschaft.

Einige Zeit vorher, kurz vor Weihnachten, gab es auf dem im gleichen Fahrtgebiet beschäftigten Schiff »Independent X« auch einen schrecklichen Unfall. Hier traf es den Ersten Offizier, der bei einem Kontrollgang an Deck von einer überbrechenden See erfasst wurde. Dabei erlitt er eine Querschnittslähmung.

Sturm

Am 19. November 1997 verließ M/S »Stade« Antwerpen. Das Ziel war Chester, ein Hafen nahe der Hauptstadt Richmond im US-Bundesstaat Virginia.

Der Nordatlantik ist zu dieser Jahreszeit ein gefürchtetes Fahrtgebiet. Bisher konnten wir die Routenberatung eines Wetterdienstes in Anspruch nehmen. Diese Dienste schlagen dem Kapitän eine bestimmte Route vor und im Allgemeinen ist man gut beraten, ihrem Rat zu folgen. Trotzdem ist der Kapitän frei in seinen Entscheidungen. Täglich sendet das Schiff dem Wetterdienst seine Position und täglich bestätigt der Dienst die bisherige Route oder macht einen neuen Vorschlag. Der neue Charterer war nicht bereit, für diesen Dienst zu bezahlen.

Für diese Jahreszeit war die Route vom Westausgang des Ärmelkanals bis zu einem Punkt nördlich der Azoren und dann direkt weiter in Richtung Westen auf die amerikanische Küste zu die am häufigsten gewählte. Ich hatte aber vorher auch schon eine andere Route gewählt, nämlich die nach Norden rund um Schottland durch den Pentland Firth, die Orkney-Inseln an Steuerbord lassend, und dann auf dem Großkreis nach Westen.

Dieses Mal entschied ich mich für die Südroute, und das war im Nachhinein nicht sehr glücklich. Die ersten Tage auf See verliefen moderat mit wechselnden, nicht allzu starken Winden. Ab dem 23. November wurde es dann eine Horrorreise. Auf 43°55' N 21°20' W (Mittagsposition) wehte der Wind bereits mit Windstärke neun bis zehn Beaufort. aus SW. Am nächsten Tag waren es aus West Windstärke zehn bis elf Beaufort. Das ist nicht weiter ungewöhnlich; ein Sturm kommt, ein Sturm vergeht. Aber nicht auf dieser Reise. Wir waren in eine Kette von Sturmtiefs geraten. Der Wind flaute nicht ab, immer direkt von vorn, jeden Tag, ununterbrochen. Zehn lange Tage hatten wir Windstärken zwischen neun und elf Beaufort, immer aus westlichen Richtungen, direkt von vorn. Das Üble daran war die hohe See; je länger ein Sturm wütet und je größer der Seeraum ist, umso höhere Wellenberge können sich bilden. Das Schiff setzte außerordentlich hart ein und wir mussten die Geschwindigkeit auf ein Minimum reduzieren. Wir liefen so um die vier Knoten, gerade genug, um das Schiff steuerfähig zu halten. Alle Türen nach draußen waren verrammelt. Ich ließ niemanden an Deck, auch nicht zur Kontrolle der Container. Lieber ein paar Container verlieren als Menschen zu gefährden.

Andere traf es härter als uns. Am 25. November 1997 bekamen wir über Funk den Notruf des Schiffes »Carla«. Das Schiff befand sich etwa 120 Seemeilen südlich von uns. Es war in zwei Teile gebrochen. Beide Teile schwammen! Vier Rettungsinseln wurden gesichtet, die alle leer waren. Weiter hörten wir, dass alle Mannschaftsmitglieder gerettet worden waren. Ein Teil durch einen Hubschrauber, die anderen von dem Kriegsschiff »Jacinto Candido«.

Am gleichen Tag nahm der Wind auf sechs bis sieben Beaufort ab. Zusammen mit dem Ersten Offizier machte ich mich daran, die durch den Sturm verursachten Schäden zu besichtigen.

Der Bugstrahlraum war bis zu einer Höhe von circa 2,5 Meter voll Wasser gelaufen. Der Bootsmann-Store und die Farbenlast unter der Back waren ebenfalls total abgesoffen, die Farbenlast bis an die Decke. Da die Elektronik im Bugstrahlraum unter Wasser stand, war das Bugstrahlruder nicht mehr zu gebrauchen. Das Volllaufen dieser Räume wurde dadurch verursacht, dass der Wellenbrecher stark verbogen wurde und an der Backbordseite das Deck aufgerissen hatte. Dadurch drang Seewasser in die Räume unter Deck. Die Ventilationsschächte für die Räume unter Deck waren von Deck gerissen worden, auch dadurch drang Seewasser in die Räume.

Bemerkenswert ist, dass es keinen Bilgenalarm gab, als Wasser in die Räume eindrang. Geändert hätte ein rechtzeitiger Alarm aber nichts. Ich hätte unter diesen Umständen niemals jemanden nach vorn zum Nachsehen geschickt.

Der Backbord-Anker war nicht mehr da! Welche ungeheure Kraft hatte da gewirkt, um den Anker von der dicken Kette zu reißen!

Der Backbord-Controller für die Ankerwinde und die Deckswinde war nach hinten verbogen und teilweise aus dem Deck gerissen.

Der Vormast war nach hinten verbogen. Die auf der Back stationierte Rettungsinsel war total zerlegt worden. Die einzelnen Teile lagen zerstreut an Deck.

Am schlimmsten war aber, dass die gesamte Elektronik unter der Back durch das Wasser zerstört worden war. Dadurch funktionierten die Feuerlöschpumpen und die Sprinkleranlage nicht mehr. Das galt auch für die Ankerwinden, den Bugstrahlmotor, die Rauchmeldeanlage, die Fernsteuerung für die Anker, die Fernsprechanlage, die Beleuchtung und Notbeleuchtung, die Belüftungsmotoren und die Heizungsanlage in allen drei Räumen, Bugstrahlraum, Farblast und Bootsmannstore. Alle Türen unter Deck in diesen Räumen waren ebenfalls zerstört.

In Chester wurden dann einige provisorische Reparaturen durchgeführt; weitere Reparaturen, um das Schiff fit für die Überquerung des Atlantiks zu machen, wurden im nächsten Hafen, Camden/New Jersey durchgeführt.

Übrigens: Wer glaubt, dass man bei schweren Stürmen immer im Hafen am besten aufgehoben ist, der irrt. Als M/S »Kapstadt« am 30. Juni 1988 auf Kaohsiung Reede lag und sich der Taifun »Susan« näherte, wurden wir von den Behörden hinaus auf die offene See gescheucht. Das machte aber durchaus Sinn. Auf Reede war zwar kein hoher Seegang zu erwarten, aber wenn der Anker dort nicht hält, ist der Spaß vorbei. Wir fuhren also an der Küste Taiwans entlang und versuchten, unter Landschutz zu bleiben. Das gelang ganz gut, als der Wind aber stärker wurde, gute zehn Beaufort, und ich versuchte, das Schiff zu drehen, um hinter ein paar kleinen Inseln Schutz zu suchen, musste ich den Versuch abbrechen, da das Schiff bei extrem hoher See bis zu 45 Grad nach beiden Seiten überholte. Dabei gab es ein paar Schäden. Spiegel sprangen aus den Rahmen, Geräte aus ihren Fassungen und der Rudergänger wurde vom Ruder her quer durch die Brücke geschleudert.

Am 8. November 1988 lagen wir mit M/S »Kapstadt« an der Pier im Hafen von Manila. Als sich der Taifun »Skip« bedrohlich von Südost näherte, wurden wir und alle anderen Schiffe aus dem Hafen verbannt. Wir ankerten in einiger Distanz vor der Küste und warteten ab. Als die Lage sich entspannte, konnten wir bald an die Pier zurückkehren.

Disziplin

»Bei einer Widersetzlichkeit oder bei beharrlichem Ungehorsam ist der Kapitän zur Anwendung aller Mittel befugt, welche erforderlich sind, um seinen Befehlen Gehorsam zu verschaffen. Zu diesem Zweck ist ihm auch die Anwendung von körperlicher Gewalt in dem durch die Umstände gebotenen Maße gestattet. Er darf ferner gegen die Beteiligten die geeigneten Sicherungsmaßregeln ergreifen und sie nötigenfalls während der Reise fesseln.«

Das ist ein Auszug aus § 91 der Seemannsordnung, die hinten in meinem ersten Seefahrtsbuch abgedruckt ist. Dieses Seefahrtsbuch bekam ich am 26. Juni 1957. Die Seemannsordnung stammte aus dem Jahr 1902, war aber 1957 noch gültig. Im Seefahrtsbuch sind alle Fahrtzeiten auf den verschiedenen Schiffen aufgeführt, neben den Schiffsnamen auch die Schiffsgröße und das Fahrtgebiet, zum Beispiel »Große Fahrt«.

Ich hatte Glück und musste nie zu solch drastischen Mitteln greifen. Aber als ich 1970 Kapitän wurde, gab es Probleme mit dem Personal. Große Reedereien wie der NDL, von dem ich kam, hatten eine Stammbelegschaft, mein neuer Reeder mit nur zwei kleinen Schiffen hatte das nicht. Man musste anmustern, was auf dem Markt war, an Bord geschickt von den Heuerstellen, bei denen sich arbeitslose Seeleute meldeten. Seeleute ohne feste Reederei waren, wenn ich es flapsig formuliere, nicht immer das beste Material. Hinzu kam eine allgemeine Knappheit an ausgebildeten Matrosen, einem Lehrberuf mit dreijähriger Lehrzeit.

Da es nicht genügend Matrosen gab, führte man, der Not gehorchend, eine neue Berufsgruppe ein. Ungelernte unter 18 Jahren konnten als Deckshelfer und die ab 18 Jahren als Decksmann zur See fahren. Da kam ein bunter Haufen zusammen, mit dem Versprechen gelockt, ein Dach über dem Kopf zu haben, mit freiem Logis und billigem Alkohol und Tabakwaren. Dazu die Chance, die weite Welt zu erobern. Was dann an Bord kam, war oft der Bodensatz der deutschen Jugend. Einige waren frisch aus dem Knast entlassen, andere hatten noch nie vorher gearbeitet. Aber es war auch einer dabei, der ein abgeschlossenes Philosophiestudium hinter sich hatte. Er war sozusagen überqualifiziert, war aber leider für körperliche Arbeit nicht zu gebrauchen.

Als Folge dieser beklagenswerten Lage am Arbeitsmarkt war ich gezwungen, im Zeitraum eines Jahres über 30 fristlose Kündigungen aussprechen zu müssen. Die Gründe waren mannigfach. Sehr oft ging es um wiederholte Trunkenheit im Dienst, Prügeleien mit Schiffskameraden oder Arbeitsverweigerung. Einmal musste ich in Göteborg auch zwei Leute feuern, weil sie dort im Hafen Container geknackt hatten. Sie waren vom Zoll dabei erwischt worden und saßen nun im Gefängnis. Verlassen konnte ich mich eigentlich nur auf ein paar Türken, Seeleute von der Schwarzmeerküste. Sie waren zuverlässig, tranken nur wenig Alkohol und aßen auch Schweinefleisch.

Es gab auch Situationen, in denen ich eine Kündigung aussprechen musste, um die Disziplin an Bord nicht den Bach runtergehen zu lassen. Da war der Bootsmann, der Vorarbeiter der Decksbesatzung. Er war ein fähiger junger Mann und ich mochte ihn, hatte ich ihn doch selbst einige Zeit zuvor vom Matrosen zum Bootsmann befördert. Aber an diesem Auslauftag in Göteborg ließ er mir keine Wahl. Er hatte sich im Hafen ein Mädchen an Bord geholt. Dagegen hatte ich nichts, da er sie, den Vorschriften folgend, bei mir angemeldet hatte. Besuch hatte aber vor dem Auslaufen des Schiffs von Bord zu verschwinden. Als wir an diesem Tag im Jahr 1971 aus Göteborg ausliefen, mit einem Lotsen an Bord und dem Ziel Halmstad, einer Seereise von ein paar Stunden, und ich nach dem Ablegen hinunter in die Messe ging, hörte ich das Lachen einer Frau. Es war das Mädchen des Bootsmanns. Ich ging in meine Kammer und bat den Bootsmann zu mir. Er kam und ich überreichte ihm die fristlose Kündigung, die ich mit der Hand geschrieben hatte. Bis zur Abgabe des Lotsen war noch eine gute Stunde Zeit. Er nutzte sie, um seine Sachen zu packen. Der Lotse war bereit, ihn nebst Gepäck und der jungen Dame mit auf das Lotsenboot zu nehmen und an Land abzusetzen. Hätte ich anders gehandelt, wäre das ein Freibrief für andere gewesen, mir auf der Nase herumzutanzen.

Am 30. April 1984 lagen wir in Immingham. Der Reiniger Lothar Schreck hatte sich mit dem Zweiten Ingenieur angelegt und beschloss, nach Hause zu fahren. Eine fristlose Kündigung von meiner Seite war die Folge. Ich informierte die Reederei, die versprach, uns einen neuen Mann zu schicken. Zwei Tage später bekam ich einen Anruf vom deutschen Honorarkonsul aus Hull. Dort war der Reiniger aufgetaucht. Auf seinem Weg nach Hause war er schon bis Rotterdam gekommen. Da er aber kein Geld mehr besaß, hatten die holländischen Behörden ihn wieder retour über den Ärmelkanal geschickt. Ich bat den Konsul, ihm ein Ticket nach Hamburg zu besorgen und das der Reederei in Rechnung zu stellen. Das wurde teuer für den Herrn. Neben seinen eigenen Fahrtkosten wurden ihm auch die Reisekosten für den Ersatzmann von der Heuer und dem Urlaubsgeld abgezogen.

Mit zwei türkischen Matrosen gab es doch einmal Ärger. Wir lagen im Hafen von Tilbury. Die zwei kamen zu mir und sagten, sie hätten keine Lust, ihren Kontrakt zu erfüllen, ich solle ihnen Flugtickets für die Heimreise in die Türkei besorgen. Als ich das verweigerte, verlangten sie, zur türkischen Botschaft in London fahren zu können und sich dort zu beschweren. Ich stimmte dem Verlangen zu und sie machten sich auf eigene Kosten auf den Weg. Etwas später bekam ich einen Anruf von der Botschaft. Ich schilderte dem Diplomaten die Fakten. Dann konnte ich am Telefon zuhören, wie er die zwei zusammenstauchte. Ich konnte kein Türkisch, aber der Ton und die Lautstärke seiner Philippika sagten alles. Kleinlaut kamen die beiden zurück an Bord und taten weiter brav ihre Plicht.

Ein paar Minuten vor dem Auslaufen in Singapur am 5. Mai 1996 verließ der kroatische Elektriker J. Vuletic angetrunken mit seinem Gepäck M/V »Durban«. Vorher hatte er eine Auseinandersetzung mit dem neuseeländischen 1. Ingenieur Grenville P. gehabt. Die fristlose Kündigung wurde ihm mit der Post zugestellt. Wie ich später hörte, war dieses spontane Davonlaufen ein teurer Spaß für ihn. Die Behörden kassierten von ihm 1.500 Singapur-Dollar Strafe für die illegale Einreise, dazu kamen 400 S$ für Transport und Hotelkosten. Wie weit ihn die Reederei noch für das Einfliegen eines neuen Elektrikers zur Kasse gebeten hat, kann ich nicht sagen.

Zum Schluss möchte ich noch einen eher skurrilen Fall schildern. Am 7. November 1997 lag M/S »Stade« im Hafen von Chester, einer kleinen Stadt nahe der Hauptstadt Richmond des US-Bundesstaates Virginia. Der Erste Ingenieur Rainer K. freute sich darauf, hier abgelöst zu werden, um seinen wohlverdienten Urlaub anzutreten. Sein Koffer war gepackt, er hatte das Flugticket in der Tasche und der neue Chief war auch schon da. Es blieb nur noch eine kurze Übergabe mit einem gemeinsamen Rundgang durch den Maschinenraum. Nach diesem Rundgang kam der neue Leitende Ingenieur zu mir, um mir lakonisch mitzuteilen, dass diese Maschine für ihn viel zu modern sei und er sich der Aufgabe, hier zu arbeiten, nicht gewachsen fühle. Er nahm sein Gepäck, ausgepackt hatte er noch nicht, und marschierte von Bord. Rainer K. musste wohl oder übel seinen Urlaubsantritt bis zum nächsten Hafen, Antwerpen, verschieben.

Dieser Fall zeigt exemplarisch, wie schnelllebig jene Zeit war. Der gute Mann war viele Jahre nicht mehr zur See gefahren, sondern hatte in einem ganz anderen Bereich an Land gearbeitet. Inzwischen hatte sich in den Maschinenräumen, auch durch die Automatisierung, viel geändert. Eigentlich kann man ihm im Nachhinein nur dankbar für sein Verhalten sein, rechtzeitig die Reißleine gezogen zu haben. Ich habe auch in meinem Bereich Ähnliches erfahren. Ich sollte – es war im Jahr 1984 – in Afrika von einem Kollegen abgelöst werden. Dieser gute Mann war viele Jahre nicht mehr zur See gefahren; wenn ich mich recht erinnere, hatte er bei der Wasserschutzpolizei gearbeitet, war pensioniert worden und wollte nun noch ein bisschen zur See fahren. Ich möchte hier keine Einzelheiten darlegen. Es lief nur darauf hinaus, dass ich noch bis zu den zwei nächsten Häfen an Bord blieb. Damals galten einmal erteilte Patente für das ganze Leben, wie heute noch in Deutschland der Führerschein. Das hat sich geändert. Die Patente werden nur für eine gewisse Zeit erteilt und werden nur verlängert, wenn man eine bestimmte Fahrtzeit nachweisen kann. Kann man das nicht, gibt es die Möglichkeit, mit einem niedrigen Rang einzusteigen.

Eine Ursache mangelhafter Disziplin war oft der exzessive Genuss von Alkohol, das traf vor allen Dingen auf deutsche Seefahrer zu. Nicht nur Mannschaftsdienstgrade, sondern auch manche Offiziere sahen zu tief ins Glas. Als Beispiel erwähne ich hier den Funkoffizier, der, als er seinen Dienst antrat, mich um ein Gespräch bat. Er sagte mir, er sei Alkoholiker, trinke aber seit einiger Zeit nicht. Er müsse aber jeden Morgen ein Medikament in Pillenform zu sich nehmen. Dann kam aber sein eigentliches Anliegen. Er bat mich zu kontrollieren, ob er die Tablette tatsächlich nehme. Ich sagte ihm das natürlich zu. Er schaute verlegen und sagte dann, ich solle bitte auch sicherstellen, dass er die Pille auch tatsächlich schlucke; manche Alkoholiker tricksten den Kontrolleur aus, indem sie sich die Tablette unter die Lippe schöben, um sie nach der Kontrolle wieder auszuspucken. Solange ich noch an Bord war, ging alles gut, jeden Morgen vor dem Frühstück das gleiche Ritual im Funkraum. Er nahm unter meinen Augen das Medikament. Bevor ich abgelöst wurde, um meinen Urlaub anzutreten, fragte ich ihn, ob ich meinen Nachfolger über seine Krankheit informieren solle. Er möchte das nicht, sagte er. Er ziehe es vor, sich erst einmal einen Eindruck von dem neuen Kapitän zu verschaffen und dann zu entscheiden. Leider hörte ich später, dass der arme Kerl wieder rückfällig geworden war, unter welchen Umständen auch immer, und er fristlos entlassen worden war.

In den ersten Jahren als Kapitän bestand die Besatzung vornehmlich aus Deutschen, ausgenommen von ein paar Türken. Das änderte sich langsam, als man aus Kostengründen dazu überging, immer mehr Schiffe auszuflaggen. Immer mehr Ausländer wurden eingestellt. Einmal war ich der einzige Europäer an Bord. (Der 1. Ingenieur war Neuseeländer.)

Die Ahndung von kleineren Vergehen bestand aus einer »freiwilligen Spende« in ein Schiffchen der »Gesellschaft zur Rettung Schiffbrüchiger«. Da kam einiges zusammen.

Die wenigsten Probleme hatte ich mit philippinischen Seeleuten. Nur zwei Europäer an Bord, der Chief und ich, das war für mich der Idealzustand. Wenn man weiß, wie man mit diesen liebenswerten Menschen umgehen muss, hat man keine Personalsorgen. Man muss sie mit Respekt behandeln. Man darf um Himmels willen niemals einen Offizier vor seinen Untergebenen runtermachen, er würde sein Gesicht verlieren und man hat sich einen Feind geschaffen. Sie haben teilweise nach europäischer Sichtweise ein kindliches Gemüt, aber das stimmt nicht, sie reagieren nur emotioneller als Mitteleuropäer.

Ein wenig Humor hilft auch. In den Tropen, nach dem täglichen Bad im Pool, pflegte ich mich noch eine Weile der Sonne auszusetzen. Als mich einmal der Erste Offizier fragte, warum um Himmels willen ich das tue, nahm ich seine Hand, hielt seinen Arm neben meinen und sagte ihm, ein wenig brauche es noch, bevor seine und meine Hautfarbe gleich seien.

Pragmatismus

Manchmal erfordern es die Umstände, pragmatisch zu handeln. Ab dem 21. Mai 1965 arbeitete ich als Zweiter Offizier auf M/S »Lindenstein«. Das Schiff gehörte dem Norddeutschen Lloyd. Von Europa kommend, bediente es die nordbrasilianischen Häfen Belem und Fortaleza. Der Höhepunkt der Reise, und einer der größten Erlebnisse in meiner Zeit als Seemann, war die mehrtägige Fahrt von Belem den Amazonas hinauf bis Manaus. Die Distanz zwischen diesen Häfen beträgt circa 1.700 Kilometer.

Das Thema heißt Disziplin, und wie ich hier schildern möchte, muss man manchmal fünf gerade sein lassen. Wir löschten in Manaus eine größere Menge Wein in Demions aus Glas, die auf Paletten gestaut waren. Damit die Hafenarbeiter sich nicht an dieser Ladung bedienten, hatte der Erste Offizier mich als Lukenwache, so nannten wir das, in den Laderaum geschickt. Ich bemerkte, dass die Arbeiter einen dieser Behälter von einer Palette genommen und in eine Ecke gestellt hatten. Sie hatten nur einen Becher und tranken nur selten einen kleinen Schluck Wein. Ich schaute weg. Zum Eklat kam es, als der Erste Offizier hinunter in den Laderaum kam und sah, dass ein Demion halb leer in der Ecke stand. Ich wurde verbal von ihm verprügelt und durch einen anderen Mann ersetzt. Was jetzt geschah, war voraussehbar. Ab und zu krachte mal eine Hieve gegen den Rand der Luke, das kann ja mal passieren, und der Wein floss in Strömen. Oder eine Hieve wurde nach dem Anheben noch einmal ein wenig hart aufgesetzt und wiederum zerbrachen ein paar der Demions. Manchmal ist es besser, einen kleinen Schaden zu dulden, als starr an einer Regel festzuhalten.

Im selben Hafen stand Tag und Nacht ein Wachmann an der Gangway und hielt unliebsame Besucher vom Schiff fern. Dazu zählten auch Damen des horizontalen Gewerbes. So gingen manche Seeleute zum »Eintörnen«, so nannte man das An-Land-Gehen zum Zwecke eines Schäferstündchens oder einer Liebesnacht. Das Problem war, da sie auch reichlich Alkohol an Land tranken, dass sie nicht immer morgens zum Dienstbeginn wieder zurück waren. Als Wachoffizier hatte ich bemerkt, dass einige schlaue Seeleute achtern eine Lotsenleiter heruntergelassen hatten. Ein paar Damen kamen mit einem Boot und kletterten auf dieser Leiter an Bord. Wiederum schaute ich weg. Mir war es lieber, die Matrosen blieben zum Turteln an Bord und waren garantiert am nächsten Morgen da.

Auf der Rückreise gab es doch noch ein kleines Problem mit der Besatzung. Das Schiff hatte in einigen Laderäumen Paranüsse geladen. Diese Nüsse waren nicht verpackt, sondern wurden als Schüttgut gefahren. Frische Paranüsse neigen zum Verschimmeln. Um das zu verhindern, mussten sie während der Reise täglich von Hand umgeschaufelt werden. Angeschimmelte Nüsse wurden herausgesammelt. Dazu wurden entweder ein paar Arbeiter aus Brasilien eingestellt oder Besatzungsmitglieder machten diese Arbeit. Da das nicht zu ihren Pflichten gehörte, gab es dafür eine Extrazahlung. Brasilianer einstellen und von Europa wieder zurückzubefördern, war die teurere Variante. Also wurde mit der Crew verhandelt und für eine bestimmte Summe waren sie bereit, die Aufgabe zu übernehmen. Dann kam es zum Knall. Nach dem Auslaufen kam ein Vertreter der Crew – ich glaube, es war der Bootsmann – zum Ersten Offizier und sagte, man habe es sich überlegt und wolle mehr Geld haben.

Das war die reine Erpressung. Alle Offiziere wurden zusammengerufen und es wurde überlegt, was zu tun sei. Jemand machte den Vorschlag, den Job von den jungen Offizieren machen zu lassen. Alle erklärten sich dazu bereit, Offiziere und Ingenieure. So konnten wir uns während der Reise ein wenig körperlich betätigen. Übrigens wurden wir auch bezahlt, ich weiß aber nicht mehr, wie viel wir bekamen.

Der Neubau

Mein Reeder ließ sich im Jahr 1978 ein neues Schiff bauen. Dazu hatte er sich der günstigen Kosten wegen die Werft »Keppel Shipyard« in Singapur ausgesucht. Diese Werft liegt im Stadtteil Jurong, ganz im Westen der Inselrepublik.

Mehrere deutsche Reeder hatten sich zusammengetan und zehn Schiffe vom gleichen Typ bestellt. So spart man die Entwicklungskosten, die nur einmal anfallen. Mein Reeder wollte gern das erstgebaute Schiff haben. Das fand ich nicht besonders schlau. Beim Bau des ersten Schiff werden unweigerlich eine Menge Fehler gemacht, die man bei den Nachbauten vermeiden kann.

Ich wurde zur Bauaufsicht nach Singapur geschickt, zusammen mit einem Schiffsbauer und einem Schiffsingenieur. Den Ingenieur kannte ich gut. Bernd P. hatte zuvor bei mir an Bord als Erster Ingenieur gearbeitet. Wir wohnten in einem kleinen Hotel, nicht allzu weit von der Werft entfernt. In die Innenstadt kamen wir nur selten, dazu waren wir auf der Werft sieben Tage in der Woche zu sehr beschäftigt.

Es war ein Knochenjob. Ich robbte in der Tropenhitze durch Tanks und Doppelböden, eine Taschenlampe in der Hand und ein Stück Kreide im Mund. Ich markierte fehlerhafte Schweißnähte und den Farbanstrich. Hinter mir ein paar Chinesen zum Notieren. Jeden Morgen bekamen wir einen sauberen weißen Kesselanzug, das war aber auch nötig; nach einem Tag in der Bullenhitze war der getragene total durchgeschwitzt.

Kesselanzug! Eines Tages kam mein alter Freund Bernd B. laut fluchend in den umgebauten Container gelaufen, der uns als Büro diente. Was war passiert? Bernd musste mal für das »große Geschäft« aufs Klo. Nicht WC, sondern Klo – bestehend aus einem Loch im Fußboden. Er zog sich also den Kesselanzug runter und erledigte sein Geschäft. Als er den Anzug wieder hochzog, merkte er mit Unbehagen, dass ein Teil der Ladung in den Kragen gegangen war. Darüber war er nicht erfreut. Manchmal war Bernd auch ein wenig ungeschickt. Er redete gern und amüsant fand ich auch die Geschichte von seinem Arztbesuch. Als der Doktor fragte, wie ihm denn das verschriebene Medikament bekommen sei, sagte er, sehr gut, aber die Dinger seien ein wenig groß und nicht leicht zu schlucken. Nicht jeder weiß, wie man Zäpfchen verwendet.

Als das Schiff endlich fertig war und wir die abschließende Probefahrt absolviert hatten, trat das Schiff mit mir als Kapitän die erste Reise an. Das war am 20. Oktober 1978. Leider war die Besatzung nicht vollständig, ein paar Stellen an

Bord waren nicht besetzt, darunter die des Dritten Offiziers. Damit verstießen wir gegen die Schiffsbesetzungsverordnung. Es lag nicht in meiner Macht, das zu ändern, es sei den ich hätte mich geweigert, auszulaufen. Das hätte aber große finanzielle Nachteile für die Reederei bedeutet. Es war schon eine Charter abgeschlossen worden. Ich verließ mich auf das Versprechen der Reederei, vor dem Anlaufen von Hamburg im ersten europäischen Hafen die fehlenden Leute an Bord zu schicken. Mit an Bord war auch ein Sohn des Reeders, der als ungelernte Hilfskraft in der Maschine arbeitete.

Das Schiff sollte von Ostasien eine volle Ladung Container nach Europa bringen. Der erste Ladehafen war Pusan in Südkorea. Der Charterer hatte einen Supercargo, einen Nautiker aus Pakistan, zu uns an Bord geschickt. Mit ihm besprach ich die Beladung. Der zweite und letzte Ladehafen war Hongkong. Dort lagen mehr Container bereit, als wir mitnehmen konnten. Als die Laderäume voll waren, wurde damit begonnen, Container an Deck zu laden. Die Kapazität des Schiffes ist abhängig von den vorhandenen Stellflächen, dem Gesamtgewicht der Container und der Höhe, in der sie gestaut werden. Das Letztere ist wichtig für die Stabilität, bestimmt durch den Höhenschwerpunkt. Ist der Schwerpunkt zu hoch, besteht die Gefahr des Kenterns. Die Container wurden zu viert übereinander an Deck geladen. Ich hatte nach einer vorherigen Berechnung vorgegeben, welches Gewicht maximal in die vierte Lage geladen werden durfte.

Am späten Nachmittag war die Beladung beendet und die Container waren gelascht. Die Hafenarbeiter verließen das Schiff und der Lotse sollte in ein paar Minuten an Bord kommen. Ein junger Europäer, ich glaube, ein Brite, hastete die Treppe hoch, um sich eine Unterschrift von mir abzuholen. Er arbeitete für die Firma, die die Containerbrücken betrieb. Bevor er ging, fragte er mich, warum wir mit verschiedenen Containergewichten arbeiteten. Da sei nichts dran, sagte ich, und der junge Mann lief die Treppe hinunter. Ich dachte mir: Wie meint der das bloß? stutzte einen Moment und lief hinter ihm her. An der Gangway hatte ich ihn eingeholt. Dort begegnete ich auch den Lotsen. Ich fragte den jungen Mann, wie er das mit den Gewichten gemeint hatte. Er bat mich, mit in sein Büro zu kommen, nicht weit entfernt vom Schiff, dort könne er es mir zeigen.

Er zeigte mir die Liste der geladenen Container. Neben der Nummer des Containers etc. standen auch die Gewichte. Mich traf fast der Schlag. Viele Container in der vierten Lage waren mit zwei Gewichtsangaben versehen, eine niedrige, sagen wir sechs Tonnen, und eine hohe, sechzehn Tonnen. Die hohe Angabe war durchgestrichen. Für die Betreiber der Containerbrücken war nur die richtige Angabe wichtig, und das war die hohe. Um meine Vorgabe zu erfüllen und möglichst viele Container verladen zu können, hatte der pakistanische Vertreter des Charterers die Angaben einfach gefälscht. Wir hatten mehrere hundert Tonnen Gewicht zu viel in der vierten Lage! Ich bat um eine Kopie der Ladeliste und ging zurück an Bord. Dort sagte ich dem Lotsen, das Schiff werde nicht auslaufen.

Ich informierte den Supercargo, es gab ein Riesengeschrei und man sagte, diese Sache würde meine Reederei teuer zu stehen kommen. Ich blieb aber hart. Man konnte für diesen Tag keine Hafenarbeiter mehr bekommen. Die kamen am nächsten Morgen und löschten so viel Container, bis das von mir angegebene Maximalgewicht erreicht war.

Der Fall ging später vor ein Schiedsgericht in London. Der Charterer war der Kläger. Seine Anwälte wussten nicht, dass ich mir eine Kopie der Ladeliste hatte geben lassen. Als unsere Anwälte diese zusammen mit meinen Stabilitätsrechnungen vorlegten, war die Sache sofort vom Tisch. Eine Klage wegen betrügerischer Transportgefährdung wäre auch gegen sie möglich gewesen.

Nach einer ruhigen Seereise erreichten wir als ersten europäischen Hafen Antwerpen. Dort wurden die Container gelöscht. Leider wurden die fehlenden Positionen nicht besetzt, was mich richtig wütend machte. Im nächsten Hafen, Hamburg, kam es dann, wie es kommen musste. Die Wasserschutzpolizei stieg an Bord und ließ sich von mir die Schiffspapiere vorlegen, darunter auch die Musterrolle und die Mannschaftsliste. Man stellte fest, dass das Schiff von Beginn an unterbesetzt gefahren wurde. Eine Strafanzeige war die Folge. Wochen später bekam ich ein Schreiben von einem Amtsgericht. Man würde das Verfahren gegen Zahlung einer Geldbuße – ich glaube, es waren 500 DM – einstellen. Ich rief bei der Reederei an und bat sie, das Geld in meinem Namen zu überweisen. Dabei erfuhr ich, dass auch die Reederei mit einer Geldbuße belegt worden sei. Ein paar Wochen später bekam ich einen zweiten Brief vom Gericht. Man teilte mir mit, wenn ich das Geld nicht innerhalb einer gesetzten Frist überweisen würde, wäre man gezwungen, das Verfahren zu eröffnen. Ich rief wieder bei der Reederei an und bat um Aufklärung. Der Inspektor der Reederei, Karl L., fragte mich frech, wer denn die Buße bezahlen müsse, ich oder die Reederei. Es war nicht zu glauben, ich musste unterbesetzt fahren, wobei ich die halbe Wache des fehlenden Dritten Offiziers ging, und nun sollte ich auch noch dafür bestraft werden, dass die Reederei die Heuer für mehrere Leute gespart hatte. Ich sagte dem Inspektor Karl L., der mal bei mir als Erster Offizier gefahren war, ich würde nicht bezahlen und mich auf die Eröffnung des Verfahrens, dann gegen mich und die Reederei, freuen. Da lenkte man ein.

Nachdem die Wasserschutzpolizei abgezogen war, kam ein Herr vom Gesundheitsamt. Ich saß mit dem Reeder zusammen in meinem Salon, als der uns eröffnete, man habe Rattenkot in einem Laderaum gefunden, das Schiff sei von Ratten befallen und müsse ausgegast werden. Dazu müsse die gesamte Besatzung für circa zwei Tage von Bord gehen und etwa im Seemannsheim oder in Hotels untergebracht werden. Das sei aber nicht sein Problem. Der Reeder bekam einen Wutanfall und wurde gegenüber dem Beamten ziemlich beleidigend. Die Sache drohte zu eskalieren. Ich nahm den Reeder am Arm und führte ihn hinaus. Dann bat ich den Beamten für das Verhalten meines Chefs um Entschuldigung. Er nahm sie an und sagte, er wolle mir einen Tipp geben, wie man die Sache etwas beschleunigen könne. »Das Wetter ist gut«, sagte er. »Lassen Sie vor dem Ausgasen alle Polster, Wolldecken und Matratzen an Deck bringen. Darin hält sich das Gas nach dem Ausgasen am längsten.« Dann erzählte er mir noch, welches Besatzungsmitglied ihm gesteckt hatte, dass möglicherweise Ratten an Bord seien. Hätte ich das dem Reeder erzählt, wäre es mit dem Frieden in seiner Familie wohl zu Ende gewesen. Wir verließen alle das Schiff. Eine Spezialfirma begaste das Schiff. Einen Tag danach durften wir wieder an Bord zurückkehren.

Papua-Neuguinea

Das Schiff lag Anfang März 1983 in Singapur und bekam wieder einmal einen neuen Namen. Eine britische Reederei hatte das Schiff gechartert und aus »Calabar« wurde »Coralbank«. Das Schiff sollte, von Singapur aus, verschiedene Häfen in Papua-Neuguinea bedienen. Vor der Beladung musste ich mich verbal noch mit dem Eigner des Schiffes in Hamburg herumschlagen. Es ging um Folgendes: Der Charterer teilte mir mit, man werde neben Containern das Schiff auch mit Stückgut beladen. Darunter auch einen großen Bagger mit einem Gewicht von 70 Tonnen. Dieser solle an Deck gestaut werden. Man werde den Bagger in Singapur mit einem Schwergutkran verladen, in Port Moresby solle der Bagger dann mit den schiffseigenen Kranen gelöscht werden. Nun war das Schiff mit zwei Kranen ausgerüstet, die jeweils 35 Tonnen, also 35.000 Kilogramm bewegen konnten. Ein so großes Teil wie diesen Bagger konnten die Schiffskrane also zusammen theoretisch bewältigen, vorausgesetzt, das Gewicht würde auf die beiden Krane gleichmäßig verteilt werden. Der Bagger hatte ein schweres dickes Ende und war vorn relativ schlank und leicht. Ich sagte also dem Vertreter des Charterers, das Löschen des Teils mit den bordeigenen Kranen sei nur mit Hilfe eines speziellen Spreaders, einer Art Traverse, möglich, der sicherstelle, dass das Gewicht jederzeit gleichmäßig auf beide Krane verteilt sei. Man sagte mir, der Eigner habe zugesagt, den Bagger ohne andere Hilfsmittel in Port Moresby löschen zu können.

Ich rief also beim Eigner in Hamburg an und teilte ihm die Sachlage mit. Ohne einen Spreader sei das Löschen des Baggers nicht möglich und in Port Moresby habe man keinen, wir müssten also in Singapur für diese Reise einen mieten. Er erwiderte mir, er habe mit Kapitän U. W. gesprochen, meinem Vorgänger auf dem Schiff, der jetzt Urlaub hatte. Kapitän U. W. habe ihm gesagt, das Verladen des Baggers sei ohne weitere Hilfsmittel überhaupt kein Problem. Ein Wort gab das andere und schließlich sagte ich ihm, dann möge er bitte Kapitän U. W. das Schiff nach Port Moresby führen lassen. Aber um die Sache zu deeskalieren, machte ich ihm am Ende den Vorschlag, einen Gutachter zu beauftragen, um den Fall zu klären. Er zögerte ein wenig, da ich aber hart blieb, stimmte er schließlich zu. Wenig später kam ein Mann vom GL, dem Germanischen Lloyd, an Bord und brauchte keine zwei Minuten, um mir recht zu geben. Nicht nur das. Für das Zusammenkoppeln der Krane, auch mit Spreader, das nicht vorgesehen sei, bedürfe es einer Sondergenehmigung, die er aber für einen einzigen Gebrauch zu erteilen bereit sei. (Der GL ist für Schiffe so etwas wie der TÜV für Kraftwagen.) Es wurde also für viel Geld ein Spreader geliehen.

Auf der Reise nach Osten liefen wir auch die Häfen Surabaya und Jakarta an. Dann ging es weiter, entlang der Inselwelt Indonesiens, durch die Arafurasee. Wir passierten die Torresstraße, vorbei an der Nordspitze Australiens und liefen als ersten Hafen Port Moresby an, die Hauptstadt Papua-Neuguineas.

In Port Moresby fand zur Feier des neuen Liniendienstes an Bord eine Party statt, genannt »Function«. Alles, was Rang und Namen hatte, versammelte sich oben auf der Brücke und in den Nocken. Sitzen konnte man nicht, dazu reichte der Platz für die circa 40 Gäste nicht aus. Unter ihnen war auch der deutsche Botschafter mit Ehefrau sowie der britische High Comissioner, so wird der Botschafter in den Ländern des Commonwealth genannt. Auch er begleitet von seiner Ehefrau. Speise und Trank wurden von Land geliefert. Dem Alkohol wurde ziemlich heftig zugesprochen.

Man wartete noch dringend auf einen Gast, der für den Export von Kopra zuständig war, ein wichtiger Kunde des Charterers. Als der endlich erschien, war es schon gegen Mitternacht, die Diplomaten hatten die Party bereits verlassen. Ein großer Schwarzer betrat die Szene. Er war, wie es mir schien, stark angetrunken, ließ sich eine Flasche Bier in die Hand drücken und begann, mit den Vertretern des Charterers zu reden. Er stand am Fenster auf der Brücke und schaute auf das Deck hinunter. Wie man denn »sein Kopra« zu verschiffen gedenke, fragte er. Als einer der Herren auf die dort stehenden Container hinwies, rastete der Mensch buchstäblich aus. Keine einzige Tonne Kobra werde er der Reederei mehr anvertrauen, wir Weißen seien alles Schurken und Betrüger, keinesfalls dürfe man SEIN Kobra in Containern an Deck verschiffen. Er hörte nicht auf, uns alle zu beleidigen. Ich hatte auch schon ein paar Bier getrunken und irgendwann platzte mir der Kragen. Ich übersetze jetzt ins Deutsche, was ich ihm auf Englisch zurief: »Wenn du nicht den Mund hältst, trete ich dir in deinen verdammten Arsch, dass du hochkant von meinem Schiff fliegst!« Auf der Brücke herrschte auf einmal betretenes Schweigen. Der große Schwarze sah mich einen Moment mit offenem Mund an. Dann stürzte er auf mich zu, legte seine Arme um mich und fing brüllend an zu lachen. »Oh man, I like you, you are the only person with balls on this ship«, sagte er und fügte hinzu: »Except me!« Plötzlich war das Eis gebrochen, ich erklärte ihm, seine Ladung werde ohne jedes Risiko in den Containern befördert. Von nun an war er friedlich.

Als sich die Gäste gegen ein Uhr verabschiedeten, bestand er darauf, dass ich mit ihm noch eine kleine Tour durch die Stadt mache. Er hatte seinen Fahrer im Auto vor der Gangway warten lassen. Wir stiegen ein und fuhren durch das nächtliche Port Moresby. Zu meinem Glück waren schon alle Kneipen geschlossen. Da wollte er mich mit sich nach Hause nehmen. Mit Hinweis auf die späte Stunde und darauf, dass ich in ein paar Stunden arbeiten müsse, gelang es mir, ihn umzustimmen. Ich wurde, wie gewünscht, an der Gangway abgesetzt.

Wir liefen die Häfen Kimbe, Lae, Madang, Vanimo und Rabaul an. Zudem einen Platz mit Namen Oro Bay, den man kaum als Hafen bezeichnen kann. Es gab dort keinen Lotsen, keinen Schlepper und nicht einmal ein Festmacherboot. Die aus Korallen bestehende Pier war nur 60 Meter lang. Dort ein circa 150 Meter langes Schiff festzumachen, war schon ein kleines Kunststück. In Oro Bay löschten wir 2.000 Tonnen Kunstdünger, der für eine riesige Palmölplantage bestimmt war. Dafür benötigten wir fünf Tage. Oro Bay liegt in der Provinz Oro, im Südosten des Landes. An einem der Liegetage machte ich einen Ausflug zur Provinzhauptstadt Popondetta und sah mir auch eine Ölmühle auf dem Lande an.

Brief an eine Versicherung

Bei uns im Wohnzimmer hängt ein großes Messing-Bullauge an der Wand als Rahmen für ein Seestück. Dieses Bullauge hat eine kleine Geschichte. Ich schreibe wörtlich meinen Bericht an die Versicherung ab. Eine kleine Ergänzung zu der vorherigen Geschichte.

Kpt. D. Heinz
Göteborg, 22. November 1973
Assekuranz-Verein Hamburg-Cranz, 2000 Hamburg 50, Große Elbstr. 36
Betr. Schadenmeldung

Sehr geehrte Herren!
Während eines Sturmes mit Orkanböen, am 19. November 1973, entstanden auf dem M/S »Gothia« verschiedene Schäden:

Das M/S »Gothia« hatte am 18. November 1973 um 21:08 Uhr den schottischen Hafen Grangemouth, in Ballast, mit Ziel auf Göteborg, verlassen. Um 22:27 Uhr ging der schottische Lotse von Bord. Der Wind kam zu diesem Zeitpunkt aus SW und hatte eine Stärke von drei bis vier Beaufort.

Während des nächsten Tages frischte der Wind auf, drehte auf WNW und erreichte zwischen 15 Uhr und 18 Uhr Stärken von über zwölf Beaufort. Während dieser Zeit wurde versucht, das Schiff wegen des überaus starken Rollens, bei dem das Schiff mehr als 45 Grad nach beiden Seiten überholte, mit dem Kopf in die See zu legen. Selbst bei höchstmöglicher Maschinenleistung und harter Ruderlage gelang das aber nicht. Die Sicht war während der orkanartigen Böen praktisch auf null herabgesunken. Das Radargerät konnte nicht benutzt werden, da der Motor der Antenne nicht stark genug war, die Antenne durch den Wind zu drehen.

Um 15:35 Uhr traf eine See hart das Schiff und schlug Backbord achtern in den Mannschaftskammern Nr. 38 und Nr. 39 je zwei Bullaugen mit dem Rahmen aus der Bordwand. Die Rahmen der zwei Bullaugen in Kammer Nr. 37 wurden stark verbogen. Eine Kammertür wurde vom Wasser eingeschlagen, ein Türrahmen zerbrochen, eine Spindtür wurde herausgerissen, und eine Resopalplatte im Mannschaftsgang zersplitterte durch den Druck, der durch das Wasser auf der anderen Seite der Wand ausgeübt wurde. Gleichseitig fiel durch die starke Erschütterung der Kreiselkompass aus. Während der gleichen Böe wurde die Schwimmwestenkiste auf dem Bootsdeck aus ihrer Verankerung gerissen, die Abdeckhaube des Magnetkompasses auf dem Peildeck flog davon, und eine Plexiglasscheibe aus dem Windenhaus Luke drei wurde herausgerissen und wehte über Bord.

Als der Wind etwas nachließ, gelang es, das Schiff mit dem Kopf in die See zu legen. Mit circa halber Kraft wurden dann bis zum nächsten Tag, dem 20. November 1973, Kurse zwischen rechtweisend Nord und 30 Grad gesteuert. Um diese Zeit hatte der Wind auf Nord gedreht und auf circa acht Beaufort abgeflaut. Um 06:30 Uhr wurde die Reise fortgesetzt.

Am 21. November 1973 um 06:20 Uhr erreichte das Schiff Göteborg.

Hochachtungsvoll, D. Heinz, Kapitän

Wie berichtet, das Bullauge wurde aus dem Rahmen in der Bordwand geschlagen. Das dicke Panzerglas blieb dabei unversehrt. Ein idealer, wenn auch etwas schwerer Rahmen für ein Seestück, geschaffen von unserem alten Freund, dem Kunstmaler Heinz Müller.

Animalis

Ein paar mehr oder weniger lustige, nicht ernst zu nehmende Tiergeschichten sind mir auch noch eingefallen, und ich bitte, mir zu verzeihen, wenn ich das Thema Seefahrt ein wenig erweitere.

Fliegen

Am 31. März 1989 saß ich mit den Chief nahe dem Schiff in Cebu City (Philippinen) vor einer armseligen Holzbude, aus alten Kisten und Stauholz zusammengezimmert. Eine gewichtige Alte verkaufte Limonade, Bier und einzelne Zigaretten. Dazu waren hart gekochte Eier und armselige Hühnerschenkel im Angebot. Räudige Köter stritten sich mit flatternden Hühnern um fortgeworfene Knochen und Sehnen. Über uns war ein Sonnenschutz gespannt, in dem ich erstaunt eine Wolldecke aus unserem Schiffsbestand erkannte. Wir tranken ein paar Bier und wurden dabei von aufdringlichen Fliegen gepeinigt. Hier erlernte ich die perfekte Kunst des Fliegentötens. Man halte die beiden Hände circa zehn Zentimern über der sitzenden Fliege. Dann klatsche man die Hände zusammen. Die nach hinten zum Steigflug startende Fliege gerät fast unfehlbar in die Falle.

Kakerlaken

Im Oktober des Jahres bekamen wir einen neuen Koch. Der war keine Perle. Am 10. Dezember 1989 sah ich amüsiert zu, wie er versuchte, von gekochten Kidneybohnen die Schalen zu entfernen. In den nächsten Tagen auf See bemühte ich mich, dem Koch die europäische Küche etwas näherzubringen. Ich zeigte ihm, wie man Bohnensuppe, Erbsensuppe, Linsensuppe, Ratatouille und Rotkohl für die zwei Europäer an Bord zubereitete. Auch das Brotbacken lernte er von mir. Bei dem häufigen Aufenthalt in der Kombüse sah ich mit Erschrecken, wie viele Kakerlaken wir an Bord hatten. Diese possierlichen Tierchen der Art »Blattella Germanica«, was »Deutsche Küstenschabe« heißt, waren überall, aber vor allen Dingen in der Küche, kein Wunder bei dem reichlichen Angebot an Nahrung.

Der Wissenschaftler, der in der Taxonomie diesen Insekten das Deutschsein angehängt hatte, mochte die Deutschen wohl nicht besonders. Andererseits bezeichnete man bei uns auch die Syphilis als »Französische Krankheit«. Das Ausmaß des Befalls wurde besonders deutlich, wenn man in der dunklen Küche das Licht einschaltete. Dann versuchten Dutzende dieser Invasoren, sich blitzschnell in den Ritzen und unter den Schränken zu verkriechen.

Wir versuchten, ohne großen Erfolg, die Cucarachas mit einem Insektizid zu vernichten. Dagegen waren sie wohl resistent geworden. Da fiel mir die alte, bewährte Methode ein, die ich in meinen ersten Jahren als Seemann erfahren hatte. Man nehme Gläser mit steilen Wänden, tue ein wenig Kaffeepulver und Zucker hinein und bestreiche den Innenrand mit Öl. Statt Kaffee und Zucker kann man auch Bier nehmen, aber das haben wir lieber selbst getrunken. Angelockt vom Inhalt der Gläser krabbeln die Tierchen in die Falle, rein geht es leicht, raus geht es gar nicht. Los geworden sind wir die Kakerlaken nicht, sie wurden aber merklich dezimiert.

Hunde

M/S »Stade« lag in Hamburg an einer Wartepier. Meine Frau besuchte mich dort mit unserem Hund, einem großen Airedaleterrier. Ich wollte sie und den Rüden an der Gangway in Empfang nehmen. Als das Tier mich sah, stürzte es auf mich zu, tat einen Fehltritt und fiel von der Gangway in das Hafenbecken. Glücklicherweise verhinderten große Gummifender, dass der Hund zwischen Kaimauer und Bordwand eingeklemmt werden konnte. Sofort waren zwei, drei Filipinos zur Stelle. Mit der Gangway-Talje ließen wir einen von ihnen mit einer Netzbrook zum wassertretenden Hund hinab. So wurde das Tier schnell gerettet.

Der Airdale war schon einmal übel aufgefallen. Wir besuchten, mit Hund, meine Schwiegereltern in Lübeck. Für den Abend waren Gäste eingeladen. Ich machte am Nachmittag mit meiner Frau einen Bummel durch die schöne Altstadt Lübecks. Den Hund hatten wir in der Obhut meiner Schwiegereltern gelassen. Am Abend sollte es zum Essen Fondue geben. Meine Schwiegermutter hatte das Fleisch in mundgerechte Happen geschnitten. Um in der Küche Platz zu schaffen, stellte sie das Fleisch mit einem großen Teller auf die Betten im elterlichen Schlafzimmer. Dann machte sie sich an die Zubereitung von Saucen.

Der Hund wieselte ihr zwischen den Beinen herum. Das war ihr lästig, und so kam sie auf die grandiose Idee, das Tier wegzusperren. Gedankenlos benutzte sie dafür ebenfalls das Schlafzimmer. Den Hund, der in einer Ecke schlief, bemerkte sie nicht. Es wird nicht lange gedauert haben, bis dem Rüden der Geruch von dem Fleisch in die Nase gestiegen ist. Das Ergebnis lässt sich denken. Das Fondue war hin und der Hund brauchte an diesem Tag kein Hundefutter mehr. Als der Frevel bemerkt wurde, hatte der Schlachter schon geschlossen, aber – damals ging das noch – es gelang meiner Schwiegermutter, »hintenrum« noch einigen Ersatz zu bekommen.

Als ich dem Chief diese Geschichte erzählte, lachte er und erzählte mir, wie es seinem Hund, einem ungarischem Hirtenhund, einem Komondor, gelungen war, einen größeren Schaden zu verursachen. Komondore sind diese weißen großen Hunde, die aussehen, als ob sie mit langen Wollfäden behängt sind. Der Chief war zu Fuß zum Einkaufen ins Zentrum seines Wohnorts gegangen. Seinen Hund hatte er mitgenommen. Bevor er nun einen Laden betrat, befestigte er die Leine seines Hundes an einen vor dem Laden stehenden Fahrradständer. Räder waren an ihm nicht abgestellt. Er plauderte im Laden gemütlich mit der Verkäuferin, als von draußen ein Höllenlärm zu vernehmen war. Was war geschehen? Der Hund hatte sich vor dem Laden auf das Pflaster gelegt. Da kam ein Radfahrer mit einem anderen Hund an der Leine vorbei. Dieser knurrte im Vorbeifahren und fletschte die Zähne. Das gefiel dem Komondor nicht und er sprang hoch, um auf den Gegner loszugehen. Dabei zog er am Fahrradständer, der sich lärmend hinter ihm in Bewegung setzte. Das machte ihm Angst und er wollte nur noch fliehen. Er beschleunigte, so gut es ging, fand eine Lücke zwischen parkenden Autos, die leider ein paar Beulen und Lackschäden abbekamen, und wurde am Ende zum Halten gezwungen, als sich der Fahrradständer, einen weiteren Schaden verursachend, zwischen zwei parkenden Autos verkeilte.

Vögel

Als Kapitän auf M/S »Gotland« kaufte ich mir in England einen grünen Wellensittich samt einem Bauer. Es war eine Vogeldame, was man bei Wellensittichen am Schnabel erkennen kann. Dieser Piepmatz, den ich Budgie nannte, lernte mit der Zeit, ein paar undeutliche Worte zu artikulieren. Die Tür des Käfigs ließ ich in meiner Kabine offen. Der Vogel konnte frei herumfliegen. Arbeitete ich am

Schreibtisch, saß er oft auf meiner rechten Schulter und knabberte an meinem Ohrläppchen. Auf See – ich ging manchmal am Tag selbst ein paar Stunden Wache – nahm ich ihn mit auf die Brücke. Die Türen zu den Nocken hielt ich verschlossen. Einmal dachte ich nicht mehr an den Vogel, der auf meiner Schulter saß, öffnete die Schiebetür zur Nock und trat hinaus. Das Tier nutzte die unverhoffte Freiheit und stieg in die Luft, zog ein paar Kreise und setzte sich dann wieder auf meine rechte Schulter. Von nun an wurde es zur Routine, der Vogel ging mit mir tagsüber zusammen Wache, flog ein wenig umher und kam immer sicher auf meine Schulter zurück. Er senkte dann den Kopf und krauste die Halsfedern, was hieß, dass er dort gestreichelt werden wollte. Es ist schon verrückt, dass man zu so einem kleinen Wesen ein emotionales Verhältnis entwickelt. Als ich später abgelöst wurde, um meinen Urlaub anzutreten, nahm ich Budgie natürlich mit. Als wir ein wenig später für ein paar Tage meine Schwiegereltern in Lübeck besuchten, nahmen wir den Vogel mit. Auch dort flog er manchmal frei im Zimmer umher. Unglücklicherweise dachte mein Schwiegervater einmal nicht an den Vogel, der auf dem Bauer saß. Er öffnete ein Fenster. Der Vogel flog hinaus und ward nicht mehr gesehen.

In diesem Haus hatte man, was Wellensittiche anbetraf, auch vorher kein glückliches Händchen. Das musste meine Frau als Kind bitter erfahren. An einem Heiligen Abend ging ihr seligster Wunsch in Erfüllung, sie bekam einen Wellensittich! Aber das Verhängnis nahte. Meine Schwiegermutter, die am ersten Weihnachtstag früh aufgestanden war, fand den Vogel tot in seinem Bauer. Eine Katastrophe! Sie tat dann etwas, was damals noch möglich war, sie rannte zum Geschäft, in dem sie den Vogel erstanden hatte, und klingelte dort. Die Inhaber waren zu Hause und verkauften ihr, nach Schilderung der Sachlage, gerne einen neuen Wellensittich. Der verblichene Vogel trug ein hellblaues Federkleid, leider hatte man nur noch hellgrüne im Angebot. Besser so einen als gar keinen, dachte meine Schwiegermutter und nahm ihn mit. Als das Kind nach dem Ausschlafen zu seinem Vogel eilte und feststellte, dass mit der Farbe irgendetwas nicht stimmte, erklärte man dem Mädchen, bei Kerzenlicht wie am Vorabend sehe der Vogel scheinbar anders aus.

Leider war auch diesem Tier kein langes Dasein beschieden. Unten im Haus betrieben meine Schwiegereltern ein Geschäft für Eisen- und Haushaltswaren. Man konnte dort alles Mögliche kaufen, von einzelnen Schrauben bis zu Sammeltassen. Die Tür zum Laden war mit einer lauten Klingel versehen, sodass mein Schwiegervater, der in einem Nebenraum arbeitete, es gewahr wurde, wenn ein Kunde den Laden betrat. Manchmal nahm er den Vogel mit in das Geschäft.

An diesem Unglückstag flog der Vogel frei im Laden herum und setzte sich dann dummerweise zum Ausruhen auf die große Ladenklingel. Sein Schicksal wurde besiegelt, als der nächste Kunde das Geschäft betrat und das akustische Signal auslöste. Der Vogel wurde buchstäblich zu Tode erschreckt.

Meinen ersten Graupapagei kaufte ich in der ghanaischen Hafenstadt Tema für ein paar Dollar. Meine Frau schmuggelte ihn dann vom Hafen in Antwerpen in einem großen Schuhkarton über die Grenze nach Deutschland. Dieser Vogel erwies sich, was das Sprechen anbetrifft, als überaus gelehrig und auch der jeweiligen Situation entsprechend. »Guten Morgen«, sagte er nur morgens, mal mit der Stimme meiner Frau, mal mit der meiner Schwiegermutter, die später bei uns lebte. Er konnte bellen wie der Hund und auch das Dingdong der Haustürglocke imitieren. Er rief nach dem Hund: »Alf, komm!«, der auch darauf reinfiel. Überaus lustig reagierte er, wenn jemand sich daranmachte, mit einem Korkenzieher eine Flasche Wein zu öffnen. »Gluck, gluck«, sagte das schlaue Tier, und als er dann unser Lachen vernahm, kam auch aus seinem Schnabel ein lautes »Ha, hah!«. Er wohnte in einer großen Voliere, die im Wintergarten stand. Meist saß er obendrauf. Mit dem Hund gab es tiefen Frieden. Einmal, die Glastür vom Wintergarten zum Wohnzimmer war geschlossen und Hund und Papagei wollten von dort zu uns ins Wohnzimmer, saßen beide Kopf an Kopf geduldig vor der Glasscheibe und schauten zu uns hinein. Wollte er im Nacken gekrault werden, setzte er sich vor einen, senkte den Kopf und sagte »Buck«. Am meisten liebte das Tier unseren Sohn, der konnte mit ihm anstellen, was er wollte. Einmal flog er uns davon. Mein Sohn suchte ihn, indem er durch die Nachbarschaft ging und nach ihm rief. Der Vogel, der in einer hohen Tanne saß, antwortete ihm und flog dann auf die ausgestreckte Hand des Jungen. Wir hatten eine schöne Zeit mit dem Tier, aber ich würde niemals mehr einen einzelnen Papagei halten. Die Tiere brauchen die Gesellschaft von mindestens einem Artgenossen. Wir versuchten, ihn mit einem anderen Graupapagei von Bekannten zusammenzutun, aber die Tiere vertrugen sich nicht.

Nasenbär

Nur der Vollständigkeit halber sei hier noch der junge Nasenbär erwähnt, den ich mir – warum, weiß ich auch nicht so recht – in Brasilien kaufte. Er war relativ leicht zu halten und war sehr anspruchslos. Er fraß praktisch alles, aber am liebsten Früchte. Nach Überqueren des Atlantiks war unser erster europäischer

Hafen Antwerpen. Antwerpen hat einen Zoo, der ganz in der Nähe des Bahnhofs liegt. Ich rief dort an und bot ihnen das Tier zum Geschenk an. Eine knappe Stunde später holte man das Tier ab.

Der Kater

Auf meinem ersten Schiff als Kapitän besaß ich einen schwarzen Kater. Das Tier war nicht kastriert und wohnte bei mir. Ich hatte sehr viel Platz und bewohnte ein ganzes Deck allein. Der Reeder fuhr, bevor ich an Bord kam, selbst als Kapitän auf diesem Schiff. Deswegen waren die Wohnräume großzügig. Für ein Tier war also reichlich Platz. Dieses Tier hatte neben einem schwarzen Fell auch eine rabenschwarze Seele. Nachts leerte es regelmäßig den Papierkorb und verteilte den Inhalt schön gleichmäßig im Schlafraum und im Salon. Wenn ich schrieb, schlug das Tier nach dem Kugelschreiber, in der Nacht verschleppte es alles Schreibzeug. Die Tischdecke pflegte es herunterzureißen, in eine Ecke zu schleppen und als Nest zu benutzen. Der Kater hatte die tückische Angewohnheit, Leuten, die irgendwo standen, an das Bein zu springen und in die Wade zu beißen.

Damals war das Schiff zwischen schwedischen und portugiesischen Häfen beschäftigt. In Portugal wurde das Schiff in den Laderäumen mit allem Möglichen beladen: Portwein, Textilien, Fischkonserven und allerlei Krimskrams. Das ganze Deck wurde mit großen Korkballen beladen. Auf dem Weg von Lissabon nach Göteborg, in der Biskaya, hatte sich an einem späten Nachmittag ein großer Schwarm Stare auf den Korkballen niedergelassen, wohl um sich auszuruhen, oder – die Sicht war schlecht – weil sie die Orientierung verloren hatten. Vor dem Zubettgehen las ich in einem Krimi, hörte klassische Musik und streichelte den Kater, der quer über meinen Beinen lag. Da hatte das Tier aber wohl schon einen bösen Plan ausgeheckt.

Am nächsten Morgen, nach dem Aufwachen, rasierte ich mich, freute mich über das schöne Wetter und wollte mich auf den Weg zur Brücke machen. Dort erwartete mich jeden Morgen eine Tasse Kaffee, vom Wachpersonal frisch für mich zubereitet. Der Kater lag auf seiner Decke in einer Ecke und schlief. Er hatte in der Nacht hart gearbeitet. Das merkte ich, als ich die Tür öffnete. Mich traf fast der Schlag! Ich stolperte fast über einen Haufen Geflügel. Sechzehn Stare hatte der Unhold in der Nacht umgebracht und mir als Geschenk vor die Tür gelegt. Irgendwie wollte mir danach der Kaffee nicht so recht schmecken.

155

Leider hat sich das Tier auch einmal heftig danebenbenommen. Alle an Bord liebten das Tier, bis auf den Ersten Offizier. Herr M. mochte generell keine Tiere, auf die Katze schien er aber einen besonderen Hass zu hegen. War ich zugegen, zeigte er sich der Katze gegenüber nur mürrisch. Glaubte er, ich merke es nicht, trat er auch schon mal nach dem Tier. Der Erste Offizier bewohnte eine Kammer auf dem Hauptdeck, Vorkante Brücke. Am Tag des Verbrechens war Herr M. bis um acht Uhr seine Wache gegangen, danach hatte er gemütlich gefrühstückt. Als er nun in seine Kammer trat, bemerkte er das Entsetzliche: Der Kater war durch das offene Fenster in sein Domizil eingedrungen und hatte auf der Bettdecke ein stinkendes Andenken hinterlassen. Ich glaube fest daran, dass es kein Zufall war, was das Tier veranlasste, sich ausgerechnet die Kammer seines ärgsten Feindes auszusuchen, benutzte es doch sonst die komfortable Kiste, in der der Sand täglich erneuert wurde. Wäre das bösartige Tier nicht das Eigentum des Kapitäns gewesen, ich glaube, der Erste Offizier hätte es bei passender Gelegenheit entsorgt.

Weil der Kater nicht kastriert war, roch er wohl beim nächsten Anlaufen von Lissabon eine rollige Katze und segelte sozusagen achteraus. So nennt man es, wenn ein Seemann an Land geht und bis zum Auslaufen des Schiffes nicht mehr zurück an Bord kommt.

Fische

Den kleinen Ausflug in die Zoologie beende ich mit ein paar Bemerkungen über Fische. Diese Tiere werden vor allen Dingen als Nahrungsmittel geschätzt, mal abgesehen von den Exemplaren, die ihre Besitzer als Bewohner eines Aquariums erfreuen.

Meine philippinische Besatzung schätzte Fischgerichte über alles. Auf Schiffen mit kleinem Freibord, das heißt einer geringen Höhe des Decks über der Wasseroberfläche, kam es sehr häufig vor, dass fliegende Fische (die gibt es!) sich verkalkulierten und an Deck landeten. Das geschah vor allen Dingen in der Nacht. Diese Tiere wurden aufgesammelt und fanden ihren Weg direkt in die Kombüse. Was ich nicht so toll fand, aber duldete, war die Angewohnheit der Filipinos, achtern auf einem der Decks Fische zum Trocknen aufzuhängen. Das stank infernalisch!

Als wir einmal vor Halmstad vor Anker lagen und auf einen Liegeplatz warteten, ließen wir ein Rettungsboot zu Wasser, fuhren zu einer etwas flacheren Stelle und angelten. Als Köder benutzten wir nur einen kleinen Blinker. Innerhalb einer knappen Stunde holte ich über 20 Dorsche aus dem Wasser, viel zu viele, um an einem Tag gegessen zu werden. Die meisten fanden ihren Weg in den Tiefkühlraum und warteten dort, zusammen mit Schweinehälften und Rindervierteln, auf ihre weitere Verwendung.

In der Ostsee, vor allen Dingen im skandinavischen Teil, hatten wir oft das Glück, fangfrischen Fisch zu bekommen. Näherten wir uns einem der kleineren Fischerboote, stand manchmal der Fischer an Deck und winkte am ausgestrecktem Arm mit einem Fisch. Wir reduzierten dann die Fahrt und der Fischer kam bei uns längsseits. In einer Pütz wurden zwei, drei Flaschen Hochprozentiges zu ihm hinuntergelassen, der Eimer wurde einmal oder zweimal mit Fisch, Dorsch oder Schollen, gefüllt und dann direkt in die Kombüse verfrachtet.

Ich beende dieses Kapitel mit einer Beobachtung, die mir zu denken gegeben hat. Das Schiff lag in einem kleinen irischen Hafen. Ich schlenderte am Kai entlang und blieb vor einem nicht sehr großen Fischerboot stehen. Auf dem Kai stand eine Waage. Mit Verwunderung sah ich zu, wie man Heringe aus der Luke des Bootes an Land hievte, sie dort wog, das Resultat aufschrieb und die Fische wieder zurück auf den Kutter verfrachtete. Ich fragte den Mann an der Waage nach dem Zweck der Operation. Er sagte mir, in der EU seien zu viele Heringe angelandet worden. Der Preis drohe zu sinken. Deswegen würden diese Fische hier »aus dem Markt genommen«. Das heißt, der Fischer bekommt für seinen Fang Geld von der EU fährt wieder hinaus auf See und »entsorgt« dort die Fische.

Essen in Indien und anderswo
und mit welchen Werkzeugen

Wenn Sie irgendwo in der Welt in ein Restaurant gehen, fällt es leicht, die Amerikaner unter den Gästen auszumachen. Man muss nur abwarten, bis ein Gast die Vorsuppe hinter sich gelassen hat, um ihn dann in die Kategorie Europäer oder Ami einordnen zu können. Dann aber, wenn er zu Messer und Gabel greift (das hat er mit uns noch gemeinsam), geschieht – sagen wir, er hat ein Steak auf dem Teller – Folgendes: Gabel in die linke Hand, Messer in die rechte Hand. Nun wird das Steak mit diesen beiden Instrumenten in Häppchen zerteilt. Dann wird das Messer beiseitegelegt, die Gabel wandert von der linken in die rechte Hand, und nur mit diesem Werkzeug wird das Mahl beendet.

Werfen wir dann einen Blick auf die Filipinos. Da die bei mir an Bord den Großteil der Besatzung ausmachen, bin ich mit deren Esssitten besonders vertraut. Die Filipinos essen nur mit Gabel und Löffel, ein Messer gehört nicht zum Gedeck, vielleicht haben ihnen die spanischen Missionare dieses Instrument aus Angst vorenthalten, es könnte gegen sie verwendet werden. Wie also essen die Filipinos ein Steak? Nun, Gabel in die linke Hand, Löffel in die rechte – und dann wird versucht, das Steak auseinanderzuzerren, um es dann verzehren zu können. Meistens klappt das auch, ob der Anstrengung mit verzerrtem Gesicht.

In Rom do as the Romans do – das gilt nicht nur für die Ewige Stadt, das gilt auch, sagen wir mal, für Madras in Indien, im Bundesstaat Tamil Nadu, auch wenn Madras nicht mehr Madras heißt, sondern Chennai, weil die Inder, wenn auch etwas spät, selbst bestimmen wollten, wie die Stadt heißt, anstelle der Engländer (Bombay heißt auch nicht mehr Bombay, sondern Mumbai, was immerhin noch ähnlich klingt). Aber ich weiche vom Thema ab. In Madras, Pardon, Chennai, war ich von einem indischen Freund, Mohamed, zum Essen in sein Haus eingeladen worden. Als wir am Tisch saßen – natürlich nur Männer, in einem traditionellen indischen Haushalt essen die Frauen nach den Männern das, was übrig geblieben ist –, bemerkte ich, dass nur neben einem Teller, nämlich meinem, Messer und Gabel lagen. Ich schaute in die Runde, legte diese Zeugnisse der europäischen Dekadenz zur Seite und tat es dem Gastgeber und den anderen Herren am Tisch nach: Mit dem Mittelfinger, Zeigefinger und Daumen wurde der Reis in kleinen Häppchen aufgenommen, in das Curry (richtiger: Masala) getunkt und zum Munde geführt. Es funktioniert!

Mein Gastgeber besuchte mich übrigens einige Zeit später in Lilienthal, und natürlich machten wir einen Bummel durch die Innenstadt von Bremen. Es fand wieder einmal die Bürgerpark-Tombola statt. Mein indischer Freund kaufte eine Hand voll Lose. Leider gewann er statt des erhofften PKW nur zwei Haushaltspackungen »Uncle Ben's Parboiled Reis«, worin sicher eine tiefere Bedeutung liegt, macht er doch den Großteil seines Geschäfts mit dem An- und Verkauf von Reis.

Eher skurril mutet dagegen die folgende Essgewohnheiten an. 1987 war M/S »Durban« an eine indische Reederei verchartert. Die Inder hielten es für nötig, einen Supercargo an Bord zu schicken, also einen Mann, der für die Ladung zuständig ist. In Wahrheit tat er aber gar nichts, außer uns zu beobachten und daraus zu lernen. Dieser Mensch war mit der Bordverpflegung nicht einverstanden, hatte aber für sich einen Kompromiss gefunden. Er aß mit Vorliebe Brötchen, auf die er sich Bratkartoffeln häufte. Orangensaft pflegte er mit Pfeffer und Salz zu würzen.

Ganz ohne Ironie empfinde ich aber die Essgewohnheiten der Chinesen und Japaner als das Nonplusultra der Esskultur, soweit es den Gebrauch der Esswerkzeuge, sprich Stäbchen, anbetrifft. Nachdem ich mir von einem Bekannten in Singapur, einem Chinesen, zeigen ließ, wie die Stäbchen zu halten sind, übte ich abends in meinem Hotelzimmer mit gesalzenen und geölten Erdnüssen, bis es klappte. Als es endlich so weit war und ich nur noch mit Stäbchen aß, wurde mir bewusst, welche groben Instrumente Messer und Gabel doch sind. Mit Stäbchen gelingt es einem, die kleinste Erbse aus dem gebratenem Reis zu fischen, und zum Herumstochern im Gericht eines Tischnachbarn: »Darf ich mal probieren?«, eignen sich *Chopsticks* ebenfalls hervorragend.

Nur mit den chinesischen Porzellanlöffeln konnte ich mich nie so richtig anfreunden, sie scheinen mir entschieden zu breit für einen normalen Langnasenmund zu sein.

In Südkorea, in Pusan, lud man mich, nebst zweien meiner Offiziere, zum Essen ein und fragte mich, ob wir lieber europäisch oder koreanisch speisen würden.

Ich entschied mich, ohne meine Begleiter zu konsultieren, für die fernöstliche Alternative. Nach dem Betreten des Restaurants wurden wir in einen länglichen Raum geführt, in dem es weder einen Tisch noch Stühle gab. Wir setzten uns, unseren Gastgebern folgend, auf den Fußboden, wobei mir immerhin ein kleines Kissen zugestanden wurde. Nach einer Weile öffnete sich die Tür. Vier junge Damen trugen einen sehr niedrigen Tisch herein. Der Tisch war schon teilweise gedeckt, anderes kam in vielen kleinen Schalen hinzu. Die Speisen ähnelten den chinesischen. Getrunken wurde Reiswein. Seltsamerweise wurde auch Whisky angeboten. Natürlich gab es auch Kimchi, was mich an Sauerkraut erinnerte.

Aber erstaunt war ich, als sich neben jeden von uns, Gastgebern und Gästen, ein junges, traditionell gekleidetes Mädchen setzte. Die jungen Damen bedienten uns so, dass es fast einer Fütterung glich. Das Essen zog sich lange hin, immer wieder wurden kleine Köstlichkeiten hereingetragen. Die Zeit schritt voran. Unsere Gastgeber sprachen tüchtig dem Whisky zu. Kurz vor dem Ende der Veranstaltung stand einer der Gastgeber auf, hockte sich neben mich und sagte mir leise, die Damen ständen auf Wunsch nach dem Essen auch noch für andere Dienste zur Verfügung. Ich dankte höflich und wies auf die späte Stunde hin und auf die Notwendigkeit, noch ein paar Stunden vor dem morgigen Arbeitstag zu schlafen.

Als ich vor vielen Jahren zum ersten Mal Shanghai besuchte, die beeindruckende Skyline gab es noch nicht, wurde ich von der Agentur zum Essen eingeladen. Meine zwei Gastgeber bestellten sich Hund und empfahlen mir, es ihnen gleichzutun. Auch der Hinweis, dass es sich um einen sehr jungen Hund handele, überzeugte mich nicht. Sicherlich wird junger Hund, gut zubereitet, lecker schmecken. Es ist wohl mehr eine ethische Frage, die mich dazu brachte, lieber ein Gericht mit Krabben zu bestellen.

Hundefutter(n)

Zum Schluss noch eine kleine Geschichte, für deren Wahrheitsgehalt ich mich nicht verbürgen möchte. Ein Kollege von mir besuchte, wie ich, Shanghai. Auf der Reise zuvor hatte er, kurz vor der Abreise, den Water clerk gefragt, ob es möglich sei, ihm für die nächste Reise einen echten, jungen Chow-Chow zu besorgen.

Seine Frau hatte ihn darum gebeten. Der Mann von der Agentur sagte ihm, das sei kein Problem. Nun war er wieder in Shanghai, wie üblich hatte der Agent ihn zum Essen eingeladen. Man hatte vorzüglich gespeist und das schmackhafte Essen mit einem ordentlichen Schluck Reiswein runtergespült. Der Kapitän bedankte sich höflich für Speise und Trank. Bevor man aufbrach, fragte er den Agenten, ob der Water clerk die Bitte weitergeleitet habe, einen Chow-Chow zu besorgen. Der Agent hob erstaunt die Augenbraue und sagte, den Hund habe man doch gerade gegessen! Das Ganze war wohl ein großes Missverständnis, und dazu passt irgendwie sehr gut, wenn laut Wikipedia in Pidgin-English in dieser Weltgegend »Tschau-Tschau« Leckerbissen heißt.

In Memoriam

Während meiner Zeit beim Norddeutschen Lloyd hatte ich das große Glück, zwei Menschen zu begegnen, die die letzten Vertreter einer vergangenen Zeit waren.

Wenn ein Schiff von einer langen Reise in europäische Gewässer zurückkehrte, machte es die Reederei möglich, dass mehrere Besatzungsmitglieder in einem der Häfen für mehrere Tage abgelöst wurden. Das betraf sowohl Kapitäne, Offiziere und Mannschaftsdienstgrade. Zum Beispiel, wurde man in Antwerpen abgelöst, fuhr man für eine Woche nach Hause und stieg dann in Hamburg oder einem anderen Hafen wieder ein.

Einer dieser Ablöser war in den frühen Sechzigerjahren Kapitän Lehmberg. Der alte Herr, 1888 geboren, wurde nur noch als Ablöser eingesetzt. In diese Funktion bin ich ihm zwei-, dreimal an Bord begegnet. Kapitän Lehmberg war auf Großseglern 22-mal um Kap Hoorn gefahren, davon 12-mal als Kapitän. Bekannt wurde er als Führer der Viermastbark »Kommodore Johnsen«. Das frachtragende Segelschulschiff des Norddeutschen Lloyds geriet Anfang März des Jahres 1937 in einen Hurrikan. Dabei verschob sich die aus Weizen bestehende Ladung und das Schiff bekam bis zu 56 Grad Schlagseite. Der Kapitän ließ SOS funken. Ein zur Hilfe geeilter Tanker ließ Öl ab, um die außerordentlich hohen Wellen zu dämpfen. Nun gelang es der Besatzung, unter Führung des Ersten Offiziers, die Ladung umzutrimmen und das Schiff zu retten. Kapitän Lehmberg ist 1969 verstorben. Die Kommodore Johnsen gibt es noch. Auf ihr werden, unter dem Namen »Sedov«, russische Seeleute ausgebildet.

Jetzt komme ich zu einem Mann, den ich besser kennenlernen durfte. Der Erste Offizier, der am 3. März 1937 auf der »Kommodore Johnsen« das Umtrimmen der Ladung leitete und damit das Schiff rettete, hieß Gottfried Clausen. Dieser Mann war 15-mal auf Großseglern um Kap Hoorn gefahren, davon einmal als Kapitän. Mit ihm starb 1989 einer der letzten deutschen Kap Hoorniers.

Als ich nach bestandenem Steuermannsexamen am 1. Juli 1966 als Vierter Offizier auf M/S »Regenstein« anmusterte, hieß der Kapitän Gottfried Clausen. Er war ein etwas grimmig aussehender Mann, damals 66 Jahre alt, etwa drei Jahre vor seiner Pension im Jahr 1964. Ende des Jahres 1953 arbeitete er als Nautischer Sachverständiger. Auf einem Schiff erlitt er einen schweren Unfall. Er fiel von einer Oberdecksluke in den Unterraum. Die Rekonvaleszenz dauerte ein Jahr. Wohl als Folge dieses Sturzes hinkte er ein wenig.

Meine erste Reise ging nach Australien. Als wir den Sueskanal passiert hatten, wurde ich vom Kapitän vom Vierten zum Dritten Offizier befördert. Kapitän Clausen wurde von vielen Seeleuten gefürchtet. Es gab bei der Reederei den Spruch: »An Wachtel, Jäger, Clausen sollst du schnell vorübersausen.« Damit waren drei Kapitäne gemeint, die als besonders streng galten. Ich konnte das für Kapitän Clausen nicht bestätigen; ich hatte den Eindruck, dass sich hinter der harten Schale ein weicher Kern verbarg. Ich habe ihn eher bewundert. Ich habe niemanden kennengelernt, der so präzise Wettervorhersagen machen konnte. Er lehrte mich, wenn Land in Sicht war, das Navigieren nach Kirchtürmen, Bergspitzen und anderen Landmarken. Zu Radargeräten hatte er ein ambivalentes Verhältnis. Einmal bekam ich einen ordentlichen Rüffel, weil ich, ohne ihn zu fragen, das Radargerät eingeschaltet hatte. Als Dritter Offizier ging ich die 8–12/20–24-Uhr-Wache. Ich besaß ein klitzekleines Kurzwellenradio. Spät am Abend war der Empfang besonders gut. Ich hörte die Deutsche Welle, BBC und Voice of America. Mitten auf dem Indischen Ozean, hunderte Meilen entfernt vom nächsten Land, erwischte er mich, etwa um 22 Uhr, beim Radiohören (mit Kopfhörern) in der Brückennock. Ein Riesendonnerwetter war die Folge.

Er hatte die Eigenart, an Bord Menschen in der dritten Personen anzureden, Mannschaftsdienstgrade im Singular, Offiziere im Plural. So fragte er etwa einen Offizier: »Habt ihr schon gefrühstückt?« Bei einem Matrosen hätte die Frage »Hat er schon gefrühstückt?« gelautet.

Manchmal fragte er uns Offiziere nach unserer Meinung über irgendein Problem. Wir saßen in seinem Salon – ich glaube, wir bekamen einen Portwein oder ein anderes Getränk –, und als Erstes richtete er die Frage an mich als den Offizier mit dem niedrigsten Dienstgrad und danach an den Zweiten und den Ersten Offizier. Später traute ich mich, ihn zu fragen, warum er, vor allen anderen, zuerst meine Meinung hören wollte. Er antwortete, hätte er zuerst den Ersten Offizier gefragt, meinen direkten Vorgesetzten, hätte er damit rechnen müssen, dass ich mich nicht trauen würde, der Meinung des Ersten Offiziers zu wiedersprechen. Da hatte er wohl recht.

Stehend, v. l.: 2. Offz. Weser, 2. Offz. Linnemann, 3. Ing. Stindt, Elektr. Schulze, 3. Offz.
Heinz, 3. Ing. Fittschen, 2. Ing. Riedel, Funkoffz. Schriefer,
sitzend, v. l.: 1. Offz. Völkers, Kapitän Clausen, 1. Ing. Weber

Fazit

Was bleibt als Erinnerung nach einem langen Leben als Seemann? Ich habe diesen Beruf geliebt. Auf See hatte ich viel Zeit zum Lesen und Musikhören. Klassische Literatur und klassische Musik lernte ich erst mit der Zeit lieben. In der Schule wurden mir die Klassiker verleidet. Während des Deutschunterrichts Schillers »Räuber« zu analysieren, brachte mich dem Einschlafen nahe. Dann fiel mir auf meinem ersten Schiff ein Buch in die Hände, Goethes »Die Leiden des jungen Werther«. Es war wie eine Offenbarung. Ähnlich war es mit der klassischen Musik. Ich hatte mir, als ich es mir als Matrose finanziell leisten konnte, ein Tonbandgerät der Marke Telefunken gekauft. Im Urlaub nahm ich vom Radio Musik auf. Am Anfang waren es leichte Operettenmelodien. Wenig später wechselte ich zu ernsthafter Musik. Barockmusik, Klassik und Romantik versetzten mich in einsamen Stunden in ein Wunderland der Töne. Der absolute Höhepunkt war, und ist es noch immer, die göttliche Musik J. S. Bachs.

Ich begann, nach den Klassikern, mich mit den Werken Platos, Senecas, Schopenhauers und anderen Philosophen zu beschäftigen.

Auf hoher See, in den tropischen sternklaren Nächten, stieg ich oft hinauf in das Peildeck, legte mich dort auf einer Decke auf den Rücken und schaute hinauf auf das unendliche Universum. Wer nur unsere lichtverseuchten Städte und Landschaften kennt, hat keine Vorstellung von der schier unendlichen Fülle an Sternen am Firmament.

Manchmal schrieb ich auch Gedichte, und es ist mir nicht peinlich, als Beispiel eines dieser Poeme zu zitieren. Es wurde am 31. März 2019 im »Weser Kurier« veröffentlicht.

Erinnerung an eine Unbekannte

Die Nacht, die schützend uns umfing,
in sanft gewebtes Schweigen hüllte.
Der Mond, der rund am Himmel hing,
die Welt mit totem Licht erfüllte.

Die Erde, die den Dunst gebar,
der wie ein graues Tuch sie barg.
Dein Blick, der voller Tränen war,
die Hand, die heiß in meiner lag.

Die Zeit, die leise nur vertropfte,
sich von der fernen Turmuhr stahl.
Von weiter noch, nur als ein Raunen,
vom Dom ein dumpfer Widerhall.

Die Nacht, die schützend uns umfing,
und Du, nichts blieb mir als ein Traum.
Doch taumelnd wie ein Schmetterling
versank auch er in Zeit und Raum.

Der Job als Kapitän bringt es mit sich, dass man der einsamste Mensch an Bord ist, aber mir hat das gefallen. Jeden Tag sind Entscheidungen zu treffen, die einem niemand abnehmen kann, nicht einmal der Reeder im fernen Europa.

Die Kehrseite der Medaille ist das lange Getrenntsein von der Familie, unterbrochen von monatelangem Urlaub. Dazu braucht man eine tüchtige Partnerin mit viel Verständnis, die in der Lage ist, viele wichtige Dinge ohne den weit entfernten Ehemann zu regeln. Ich hatte und habe das Glück, so eine Partnerin zu haben.

Glossar

Agent	Schiffsmakler, Beauftragter des Reeders oder des Charterers
Back	1. Tisch, 2. Vorschiffsaufbau, 3. Essschüssel
Backschaft	Dienst in den Messen und in der Pantry, Auf- und Abdecken, Spülen des Geschirrs etc.
Ballast, in Ballast	Unbeladenes Schiff
Bootsdeck	Deck, von dem die Rettungsboote zu Wasser gelassen werden
Bootsmann	Vorarbeiter der Decksbesatzung
Brückennock, Nock	Freier Raum links und rechts vom Ruderhaus
Chief	Spitzname für den ersten Ingenieur
Davit	Vorrichtung zum Herunterlassen und H holen der Rettungsboote
Deckshaus	Aufbauten an Deck
Decksjunge	Lehrling im ersten Lehrjahr, »Moses«
Farblast	Raum zum Lagern der Farbe, oft unter der Back
Fieren	Etwas hinablassen, mit der Hand, einer Talje oder einem Kran, z. B. Ladungsteile etc.
Großkreis	Kürzeste Verbindung zweier Orte auf einer Kugel (auch der Erde)
Großmast	Höchster Mast, bei Dreimaster mittlerer Mast.

Heuer	Lohn für Seefahrer
Kabelgarn	Hanffasern, zusammenfügen zu Tauwerk
Kabelgatt	Raum, meist unter der Back, zum Aufbewahren von Leinen, Werkzeug etc.
Kettenkasten	Raum, in dem die Ankerketten liegen
Kielschwein	Baulicher Längsverband, parallel zum Kiel verlaufend
Klabautermann	Kobold, Schiffsgeist
Knoten	Seemeilen pro Stunde, Seemeile = 1.852 Meter
Kochsmaat	Gehilfe des Kochs, früher oft gelernte Bäcker oder Schlachter
Koje	Schmale Betten an Bord
Kombüse	Küche
Kujambpell	Stark verdünnter Fruchtsaft
Laschen	Verzurren, sichern der Ladung
Lee	Die dem Wind abgewandte Seite des Schiffs
Löschen	Entladen des Schiffs
Luke	Öffnung an Deck, z. B. zu den Laderäumen
Luv	Die dem Wind zugewandte Seite des Schiffs
Maschine	Hauptmotor des Schiffs
Maschinenraum	Teil des Schiffs für den Hauptmotor und andere Motoren, Pumpen etc.

Matrose	Ausgelernter Seemann, entspricht dem Gesellen
Meile, Seemeile	1.852 Meter
Messe	Speise- und Aufenthaltsraum
Mors	Scherzhaft für Hintern (Plattdeutsch)
Moses	Scherzhaft für Decksjungen
Mug	Große Tasse für Kaffee oder Tee
Peildeck	Oberstes Deck, über der Brücke
Poop	Aufbau hinten an Deck
Reiniger	Niedriger Dienstgrad im Maschinenraum, meist ungelernt
Salonsteward	Damals Steward für den sogenannten Salon, die Messe für Kapitän, Erster Ingenieur und dem Zweiten Offizier
Schapp	Schrank
Smutje	Schiffskoch
Stauerei	Firma, die die Ladungsarbeiten ausführt
Supercargo	Plant und überwacht das Beladen und Löschen der Ladung
Talje	Flaschenzug
Verholen	Schiff von einem Liegeplatz zu einem anderen bringen
Verschanzung	Hochgezogene Bordwand, Schutz gegen Wellen
Water clerk	Angestellter des Schiffsmaklers, besucht die Schiffe